Kerstin Lange / Ulrich Wellhöfer (Hrsg.)
Blutworschtblues

*Für Beatrix
und Franz

Herzlich
U. [Signatur]*

wellhöfer VERLAG

Wellhöfer Verlag
Ulrich Wellhöfer
Weinbergstraße 26
68259 Mannheim
Tel. 0621/7188167

info@wellhoefer-verlag.de
www.wellhoefer-verlag.de

Titelgestaltung: Uwe Schnieders, Fa. Pixelhall, Malsch
Satz: FPW Verlagsdienstleistungen
    www.fpw-verlagsdienstleistungen.de

Die Erzählungen sind frei erfunden. Ähnlichkeiten mit wirklichen Personen oder tatsächlichen Ereignissen sind nicht beabsichtigt und somit rein zufällig.

ISBN 978-3-95428-213-5

Kerstin Lange / Ulrich Wellhöfer
(Hrsg.)

Blutworschtblues

Inhalt

Rezepte

LILO BEIL

Die Zeit der Kirschen

ELSASS / SÜDPFALZ

Le temps des cerises, ein deutsch-französischer Krimi um ein pfälzisches Armeleute-Essen, den *Pälzer Kerscheplotzer*.

Veronika konnte sich nicht sattsehen an der Szenerie, nicht satthören an der französischen Musik. Das Herz der Südpfälzerin schlug im Zweitakt: ein wenig französisch, ein wenig deutsch. Es gab dafür eigentlich keine Erklärung, es sei denn, dass ihre Herkunft aus einem kleinen Dorf in der Nähe zum Elsass sie geprägt hatte.

Doch nein.

1973 geboren, war sie als Kind und Jugendliche noch daran gewöhnt, dass man einen Pass vorzeigen musste, wollte man im nahen Elsass bummeln oder einkaufen. Die Grenze war in den Köpfen und in den Herzen, vor allem bei den Eltern und Großeltern.

Die Großmutter, ja, die war anders. Gerade als Veronika nostalgischen Gedanken an diese liebste aller Großmütter nachhängen wollte, wurde sie durch ein lautes Knallen und Blitzen und Krachen abgelenkt.

Das *feu d' artifice*, das Feuerwerk, das zu jedem richtigen *jour de fête* dazugehörte wie das Amen in der Kirche, wurde oben von der Burg, dem Château Valbelle, gezündet und tauchte den Festplatz vor der *Mairie* in grelles Licht.

Wir würden das Ganze *Kerwe* nennen, dachte Veronika, hier im Hinterland der Côte d' Azur nennen sie es *Fête Patrimoniale*. Am Nachbartisch saß eine größere

Gesellschaft mit vielen Kindern und Kleinkindern. Sogar ein ganz kleines Baby, erst wenige Wochen alt, war im Kinderwagen mit dabei und wurde abwechselnd von verschiedenen Leuten in den Arm genommen und gewiegt.

Gebobbelt, sagt man bei uns in der Südpfalz, dachte Veronika. Ein niedliches Mädchen von etwa drei oder vier Jahren im weißen Kleid trug Schmetterlingsflügel und auf dem schwarzgelockten Haar einen Reif mit Fühlern, die bei jedem Hüpfer auf und ab wippten. Das Kind bewegte sich elfengleich und schwebend. Es war sich seiner Anmut nicht bewusst. Die Kleine eilte, nein flog von einem zum andern, war kurz verschwunden und kam bald darauf mit einer riesigen Stange Zuckerwatte zurück. Sie hielt einem alten Mann, der im Rollstuhl bei der Gruppe saß, die Zuckerwatte zum Probieren hin und hüpfte dabei von einem Bein aufs andere.

»Arrête, Véronique«, sagte streng eine junge Frau, wohl die Mutter des Mädchens. Die Kleine hörte mit der Hüpferei auf, und der alte Mann sagte beschwichtigend zu dem Kind: »Merci, Véronique.«

Oh, eine kleine französische Namensbase, dachte Veronika.

Ein sehr heller Feuerschein ließ die Inschrift über dem Rathaus für einen kurzen Moment aufblitzen. *Liberté – Egalité – Fraternité.*

Auf der Tribüne vor dem Rathaus machten sich die Techniker der angekündigten Popband *Les courseurs de l' océan* daran, die Scheinwerfer allmählich anzuschalten. Ab und zu huschte ein Musiker über die Bühne, verschwand aber gleich wieder.

Um halb zehn sollte das Konzert beginnen, nun war es schon fast halb elf. So genau nahm man es hier nicht. Immer noch strömten Menschen auf den Platz, nahmen an den Tischen unter den Platanen und neben dem großen Brunnen mit der großen bebänderten Amphore aus weißem Marmor Platz.

Die Trikolore-Fähnchen, die quer über den Platz gespannt waren, flatterten ein wenig im Wind, der nun plötzlich aufkam. Ein immer noch warmer Wind, eine laue Sommernacht Ende August.

Mein letzter Ferientag, dachte Veronika mit Wehmut. Jede Sekunde davon muss ich genießen. Meine kleine Auszeit nach dem Debakel der Beziehung mit Christian. Ein Urlaub zum Ausruhen, sehr gutem Essen, mit Sonne und Strand und viel Lesen. Und mit dem Aufsaugen typisch französischer Atmosphäre hier auf dem Platz von Tourves, nicht weit von Brignoles.

Jour de Fête. Der Film von Jacques Tati kam Veronika in den Sinn. Ihr Französischlehrer in der Oberstufe, ein Tati-Verehrer, hatte den Film jedes Jahr vor den großen Ferien gezeigt. Sie kannte jede einzelne Szene auswendig.

Als könnte Veronika zaubern, kam aus der engen Gasse rechts vorne ein Fanfarenzug, gefolgt von einer Menschenschar, die dem Platz zustrebte. Das ist wie beim Rattenfänger von Hameln, dachte Veronika amüsiert.

Die Spieler der Fanfarenkapelle stellten sich vor der Bühne auf und begannen, ein Lied zu spielen, das Veronika bekannt vorkam. Viele ältere Leute sangen mit.

Die Jüngeren schienen eher ein wenig belustigt zu sein, doch die Älteren sangen unbeirrt ihr Lied.

»Tombent sous la feuille en gouttes de sang …

Mais il est bien court, le temps des cerises …

Pendants de corail qu'on cueille en rêvant …"

Einzelne Satzfetzen verstand Véronique: Sie fallen wie Blutstropfen ins Laub … aber sie ist sehr kurz, die Zeit der Kirschen … Ohrgehänge aus Korallen, die man träumend pflückt.

Wie schön, wie wehmütig, wie romantisch, dachte Veronika. Und plötzlich durchfuhr es sie. Das war doch das Lieblingslied ihrer Großmutter. *Le temps des cerises.* Die Zeit der Kirschen.

Veronikas erstes Französisch war das gewesen, und sie kannte früher den Text auswendig, hatte einiges vergessen, doch die Worte tauchten nun in der Erinnerung auf. Nur heimlich hatte die Großmutter das Lied mit ihr gesungen, sie wusste bis heute nicht, warum die andern es nicht hören sollten. Es war ein solch schönes Lied.

Ein altes französisches Liebeslied aus dem 19. Jahrhundert, hatte die Großmutter ihr erklärt. Aber auch ein Kampflied aus der Zeit der Kommune. Die Aufständischen sangen das Lied auf den Barrikaden in Paris, bevor sie niedergemacht wurden von den Soldaten der Obrigkeit.

Das alles wusste die Großmutter. Woher eigentlich? Veronika hatte sich nie Gedanken darüber gemacht, und nun war die Großmutter, der sie so verblüffend ähnlich sah, wie alle sagten, schon so lange tot. Sie würde es nie erfahren. Sie fallen runter ins Laub, aber sie ist sehr kurz, die Zeit der Kirschen. Ohrgehänge aus Korallen, die man träumend pflückt.

Veronika horchte auf. Aus der Gruppe nebenan hörte man die kräftige Stimme des alten Mannes im Rollstuhl, der laut mitsang.

»Quand vous en serez au temps des cerises, si vous avez peur des chagrins d'amour, évitez les belles. Moi, qui ne crains pas les peines cruelles, je ne vivrai pas sans souffrir un jour. J'aimerai toujours le temps des cerises. C'est de ce temps-là que je garde au coeur une plaie ouverte.«

Veronika übersetzte leise in Gedanken:

Wenn die Zeit der Kirschen kommt und wenn ihr Angst vor Liebeskummer habt, dann meidet die Schönen! Ich fürchte nicht die grausame Pein; ich werde nicht leben, ohne eines Tages zu leiden. Ich werde immer die Zeit der Kirschen lieben. Von dieser Zeit her habe ich im Herzen eine offene Wunde zurückbehalten.

Veronika entging es nicht, wie die jungen Techniker der Popband, die ihr Schaltpult neben dem Brunnen aufgebaut hatten, sich lustig machten über die Fanfarenbläser und die Leute, die ernst und mit Inbrunst laut das Lied mitsangen.

Bei den Worten »une plaie ouverte« brach die Stimme des alten Mannes im Rollstuhl plötzlich ab. Veronika bemerkte, wie er zu ihr hinübersah und stutzte. Als hätte er einen Geist gesehen, schaute er sie unentwegt an, drehte dann den Kopf weg und nahm einen Schluck Pastis. Die andern an seinem Tisch bemerkten nichts. Der Fanfarenzug verließ den Platz vor der Bühne. Fetzige Melodien erklangen. Die Popband spielte nun auf, eine Profiband mit drei Tänzerinnen, die nach jeder Nummer neu und immer neckischer gekleidet auf dem Podium herumhüpften und dem Publikum mächtig einheizten.

Das kleine Mädchen mit den Schmetterlingsflügeln und den wippenden Fühlern auf den schwarzen Locken tanzte zwischen den Tischen mit, graziöser und mit mehr Charme als die erwachsenen Tänzerinnen dort oben. Der alte Mann sah indessen immer wieder zu Veronika hinüber.

Seine Gedanken gingen zurück, weit zurück. Im Juni 1943 hatte man ihn als Kriegsgefangenen einer Bauernfamilie in einem kleinen Dorf in der Südpfalz zugeteilt.

Der Zwangsarbeiter wurde anständig behandelt, es gab angemessen zu essen, wenn man bedachte, dass die Deutschen selbst nicht viel zum Knabbern hatten. Auf den kalten Steinboden der Gesindekammer legte der

Bauer Holzbretter, die ein wenig wärmten. Wenn der Kontrolleur kam, wurden die Dielen eilig weggeräumt.

Im Bauerngarten gab es mehrere Kirschbäume, die im Juni reichlich Früchte trugen. »Heute gibt es wieder unser Armeleute-Essen«, sagte die Bäuerin, und sie lachte dabei. »Ein Rezept, bei dem die feinen Herrschaften Brötchen nehmen statt altem Schwarzbrot. Aber wir sind nicht fein, und außerdem ist Krieg. Nach dem Krieg machen wir wieder die feinere Variation, dazu noch mit Eis.«

Der Kontrolleur kam gerade in den Hof. »Der Endsieg ist nah, ihr werdet bald euer Eis kriegen. Und die Brötchen dazu,« verkündete er mit schnarrender Stimme.

»Wer's glaubt, wird selig«, sagte die Bäuerin, die vor nichts und niemand Angst hatte.

»Wart nur, freches Weibsbild«, schnaubte der Kontrolleur. »Ich bring dich nach Dachau oder in den Struthof oder noch weiter weg, wenn du nicht aufhörst mit deinen volkszersetzenden Reden. Da wirst du deine Weck und dein Eis kriegen, aber ohne Kirschen. Haha, Kerscheplotzer ohne Kirschen.« Er lachte über seinen überaus geistreichen Witz und stapfte davon in seinen hohen Schaftstiefeln.

Der Zwangsarbeiter wurde von der Bäuerin hergerufen. »Du, Maurice, hilf mal der Veronika beim Kirschenabmachen. Aber nicht die Leiter hochschielen unter den Rock von meinem Mädel. Sonst ist es aus mit der Freundlichkeit und dem Fraternisieren.«

Veronika, die danebenstand, wurde puterrot. »Keine Fisimatenten, verstanden?« setzte die Bäuerin, an ihre Tochter gerichtet, hinzu. Mit gespielter Strenge rief sie: »Kirschen brauch ich, und zwar flott.«

Maurice pfiff eine Melodie, während er oben auf der Leiter stand. In schwindelnde Höhen schwang er sich.

Fast wäre ein Ast abgebrochen. Veronika, die unten stand, schrie angstvoll auf. Maurice lachte, pfiff weiter und warf dem Mädchen Kirschen in die Schürze.

Maurice fing an zu singen:
»Tombant sous la feuille en gouttes de sang,
pendants de corails qu'on cueille en rêvant."

Er stieg von der Leiter, brachte zwei Paar besonders knackige Kirschen mit und steckte sie dem Mädchen an beide Ohren. »Pendants de corails qu'on cueille en rêvant", sang er und übersetzte. »Ohrringe aus Korallen, die man träumend pflückt.« Maurice sprach gut deutsch. Das Mädchen wurde rot. Das Rot ihrer Wangen übertraf das Rot der Kirschen.

Nun gab es jeden zweiten Tag Kerscheplotzer, aber Maurice wurde das Essen nicht leid, denn die Bäuerin schickte ihn jedesmal mit Veronika zum Kirschenpflücken.

Und er sang: »Et gai rossignol, et merle moqueur seront tous en fête! Les belles auront la folie en tête et les amoureux du soleil au coeur.«

»Was heißt das?« wollte Veronika wissen, und Maurice übersetzte wieder.

»Und die lustige Nachtigall und die Spottdrossel werden beide ein Fest feiern. Die Schönen werden die Tollheit im Kopf und die Liebenden die Sonne im Herzen haben.«

Sie küssten sich, der Zwangsarbeiter und das Bauernmädchen.

»Ein deutsches Mädel und so ein Saufranzos«, brüllte der Kontrolleur, der gerade in seinen Schaftstiefeln um die Ecke der Scheune stolziert kam.

»Rassenschande. Ich werd euch anzeigen. Es sei denn, ich krieg auch so einen Kuss«, sagte er und hatte sich schon an Veronika herangepirscht. Er fasste sie um die Taille und riss sie grob an sich.

Maurice ballte die Faust und wollte auf den Kerl losgehen, doch der ließ von Veronika ab. Maurice überragte ihn um Haupteslänge und war muskulös im Gegensatz zu dem kleinen, schmächtigen Kontrolleur, der extra hohe Absätze an seinen Stiefeln hatte, um größer zu wirken.

Er lachte schmierig: »Fürs Erste haben die Kirschen gut geschmeckt. Ich werde noch mehr davon kriegen, sonst ...« Mit einem anzüglichen Blick auf das Paar stapfte er davon und verschwand hinter der Scheune.

Im Bauerngarten ganz hinten an der Mauer, verborgen hinter den Kirschbäumen, stand ein kleiner sechseckiger Pavillon, der von einer vergoldeten Spitze gekrönt war. Maurice und Veronika verabredeten sich zu einem Treff im Gartenhäuschen, wann immer es möglich war. Die Bauersfrau warf ihrer Tochter vielsagende Blicke zu, wenn sie nach dem Abendessen im Garten verschwand, um nochmal nach den Blumen, dem Obst und dem Gemüse zu gucken. Und wenn Maurice bald danach zum Holzhacken im Schuppen verschwand, zog sie die Augenbrauen hoch, schritt aber nicht ein. Sie vertraute ihrer Tochter, sie war eine ungewöhnliche Mutter.

Der Kriegsgefangene pfiff leise die Melodie des Kirschenzeitlieds, und eine weiße Hand winkte vom grüngestrichenen hölzernen Gitterwerk des Gartenhäuschens her. Veronika konnte mittlerweile das Lied auswendig. Sie lernte schnell Französisch bei ihrem Lehrer Maurice.

Eines Abends winkte die weiße Hand wieder durchs Gitterwerk, Maurice wollte die Hand ergreifen, als er von hinten einen dumpfen Schlag auf den Kopf erhielt. Er stürzte blutend ins Gras.

Das Mädchen lief schreiend aus dem Pavillon, doch der Kontrolleur packte das verzweifelt sich wehrende

Mädchen und zerrte es in das Innere des Häuschens. Veronika schloss die Augen, als der grobe Kerl ihr die Kleider vom Leib riss. »Nun hol ich mir die restlichen Kirschen«, lachte der Mann. Veronika hörte Schritte von der Scheune her sich dem Pavillon nähern, dann plötzlich entrang sich der Brust des keuchenden Ungeheuers über ihr ein gurgelnder Schrei. Maurice hat mich gerettet, dachte sie, doch Maurice lag verletzt im Gras, begann sich taumelnd am Stamm eines Kirschbaums aufzurichten.

»Helft mir, den Kerl wegzuschaffen, schnell«, flüsterte hastig eine Frauenstimme. Es war die Bäuerin. Sie hielt eine Schaufel in der Hand. Entsetzt nahm Veronika die dunkle Masse wahr, die am scharfen Ende der Schaufel klebte. Auch der Kopf des Kontrolleurs war klebrig von schwarzer Masse.

»Er ist tot, seht ihr das nicht?« stieß Veronikas Mutter hervor, »ihr müsst mir helfen.« Maurice stand mittlerweile wieder fest auf den Beinen. Mit äußerster Kraftanstrengung zerrten die drei Menschen den Toten zur Jauchegrube.

Wie durch ein Wunder wurde der Kontrolleur von niemandem ernsthaft vermisst. Allein lebend, hatte er niemanden über seine amourösen Absichten ins Vertrauen gezogen. Dem Ortsgruppenleiter war er schon lange ein Dorn im Auge, weil er zu lasch war, nicht scharf genug durchgriff gegen die Zwangsarbeiter, die Franzosen, Polen, Italiener.

»Es geht so viel Lumpengesindel um, das durchs Dorf zieht«, meinte er, »da wird ihm einer übel mitgespielt haben.« Dabei ließ man es von offizieller Seite bewenden. »Weichlinge können wir nicht gebrauchen in unserem zukünftigen Großreich«, ließ der Ortsgruppenleiter unter seinen Gesinnungsgenossen verlauten. »Um so einen ist es nicht weiter schade.«

Maurice wurde bald danach einer Familie in einem anderen pfälzischen Bauerndorf zugeteilt. Das Mädchen sah ihn nie wieder. Der Krieg war im Mai 1945 zu Ende, und danach begann die Kirschenzeit. Da war Maurice längst zu Hause, in seinem südfranzösischen Dorf, und er summte die Zeilen: »Tombant sous la feuille en gouttes de sang ...«, und er sah den vom Mond beschienenen Toten in seinen grotesken Schaftstiefeln mit den zu hohen Absätzen, und aus der Wunde des Toten quollen Blutstropfen und fielen ins Gras, rot wie die Korallengehänge, die Kirschen am Ohr des schönen Mädchens. Und er sah das entsetzte Gesicht der Bäuerin, in der Hand die beschmutzte scharfkantige Schaufel.

Die Popband spielte einen Ohrwurm aus den 80er-Jahren von Earth, Wind and Fire, die drei Tänzerinnen hopsten in Glitzerbikinis auf der Bühne umher, und das kleine Mädchen im weißen Kleid mit den Schmetterlingsflügeln wiegte sich im Takt hin und her.

Der sehr alte Mann im Rollstuhl näherte sich Veronikas Tisch. Sie lächelte ihn an. »Entschuldigen Sie«, sagte er, »Sie erinnern mich an jemanden, den ich vor langer Zeit kannte. Ewig her. Es war im Krieg. Es war in Deutschland und sie hieß Veronika.«

»So heiße ich auch«, antwortete Veronika. »Wie meine Großmutter. Die Zeit der Kirschen. Le temps des cerises. Das Lied hab ich von ihr gelernt, und sie erzählte viel von einem Maurice. Und von einem dunklen Geheimnis.«

Nun sprach der alte Mann Deutsch, und es war ein südpfälzisch gefärbtes Deutsch, wie man es in Veronikas Heimatort sprach. »Es gibt Zufälle im Leben. Und manche Geheimnisse sollten auch lieber im Dunkel bleiben.«

Die Kleine mit den Schmetterlingsflügeln und den wippenden Fühlern auf dem dunklen Lockenhaar kam zum Rollstuhl heran, legte die Arme um den Hals des alten Mannes und drückte ihm einen schmatzenden Kuss auf die linke Wange.

»Ich musste auf meine kleine Véronique lange warte«, sagte er zu Veronika. Ich hatte nur Söhne, und diese bekamen ebenfalls wieder Söhne. Dann endlich meine kleine Urenkelin.« Er lächelte voller Wehmut.

»J'aimerai toujours le temps des cerises, c'est de ce temps-là que je garde au coeur une plaie ouverte", dachte Veronika. Ja, eine offene Wunde ist ihm aus der Zeit der Kirschen geblieben.

Der alte Mann im Rollstuhl beugte sich zu Veronika und flüsterte: »Isst man eigentlich in der Südpfalz immer noch den Kerscheplotzer?«

»Mais oui, mais oui«, antwortete Veronika. »Bei uns in der Familie isst man ihn immer noch, wie meine Großmutter Veronika ihn gemacht hat.«

»Mit Schwarzbrot?« fragte der sehr alte Mann. »Oder mit Brötchen wie die feinen Leute? Und mit Eis?« Er lächelte dabei, in Erinnerungen versunken.

Er erwartet keine Antwort, dachte Veronika, und bestimmt hat er seine Gründe dafür. Man muss nicht jedes Geheimnis preisgeben.

»Au revoir, Maurice«, sagte sie.

»Leben Sie wohl, Veronika«, antwortete der alte Mann im Rollstuhl.

Pälzer Kerscheplotzer

Zutaten:
5 Brötchen, z. B. Vollkornbrötchen, gerne vom Vortag
350 ml Milch
750 g Kirschen
40 g Butter
50 g Zucker
3 Eier Größe M
6 Kugeln Eis, z. B. Vanille- oder Walnusseis

Zubereitung:
Die Brötchen in Würfel der Kantenlänge ein Zentimeter
schneiden. Danach die Milch erwärmen, die Brötchen-
würfel damit übergießen und etwas ziehen lassen. Den
Backofen auf 200 Grad Ober- / Unterhitze vorheizen.
Währenddessen die Kirschen entkernen. Die Butter hat
man zuvor einige Stunden außerhalb des Kühlschranks
gelagert. Die nun weiche Butter, den Zucker und die
Eier miteinander schaumig rühren. Alle vorbereiteten
Zutaten miteinander vermengen und in eine gefettete
Auflaufform füllen. Auf der mittleren Schiene des Back-
ofens etwa eine Stunde backen, dabei den Auflauf gegebenenfalls nach einiger Zeit abdecken, damit er nicht
zu dunkel wird. Warm mit Eis servieren.

KERSTIN LANGE

Wunschgarten auf Zeit

SPEYER

Was mir jeder prophezeite und ich nicht glauben wollte, wurde Realität. »Du findest eher einen Job als eine Wohnung in Speyer.«

Die Anstellung in der Apotheke hatte ich innerhalb von zwei Tagen, doch eine Wohnung war nicht in Sicht. Der Zufall half in Form einer Bekannten, die jemanden kannte, der mir ein Zimmer im Schwesternwohnheim des Diakonissenkrankenhauses anbieten konnte.

Nicht meine erste Wahl, aber besser als nichts. Das Einzige, was zu meinem Glück fehlte, war ein Balkon oder noch besser ein Garten. Ich vermisste die von meiner Mutter liebevoll und farbig angelegten Rabatten und Büsche, die sich im Laufe der Jahreszeiten von Gelb bis Rot verfärbten.

Erneut kam mir der Zufall zu Hilfe. Eine Patientin, Hilde Moser, der ich von meiner Sehnsucht nach Mutters Garten erzählte, bot mir ihren Schrebergarten für die Dauer ihres Krankenhaus- und anschließenden Reha-Aufenthaltes an. Die Formalitäten waren rasch erledigt, für den Vorstand des Kleingartenvereins schien es ebenfalls eine gute Lösung zu sein. Für sie war nichts schlimmer als ein Garten, der eine Weile lang nicht gepflegt werden konnte.

Mein Leben war perfekt. Frau Moser hatte jede Menge Obst und Gemüse angepflanzt. Brombeeren, Stachelbeeren, Erdbeeren. Schmale Obstbäume, die viele Früchte trugen. Zu jeder Zeit konnte ich direkt vom

Baum naschen, und wenn es mein Dienstplan erlaubte, genoss ich die Sonnenuntergänge inmitten von Vogelgezwitscher und duftenden Gräsern.

Bis der Neue kam. Mit Herrn Schmidt änderte sich alles. Wie auch immer er die Hürden der Vorstellungsgespräche gemeistert hatte, er hatte es geschafft.

Herr Schmidt war schnell zu beschreiben. Er trug stets einen Anglerhut, Cargoshorts und weiße Tennissocken in schwarzen Sandalen. Dazu ein verwaschenes – ehemals weißes, jetzt graues – Unterhemd, das nur spärlich den über den Bund hängenden Bauch bedeckte. Ich nahm mir vor, seinen Anblick zu ertragen, den Hut und die Sandalen zu ignorieren, durch ihn hindurchzuschauen und sein Gerede auszublenden. Was schwer war, denn seine Parzelle grenzte an meine. Sobald ich die Sonne genießen wollte, stand er in seinem Garten, meist mit nacktem Oberkörper. Der Duft von Tiroler Nussöl drang in meine Nase.

»Ajo, Sie sollten sich auch eincremen. Ich bin Ihnen gerne dabei behilflich«, rief er mir zu.

Ich schüttelte den Kopf, sah kurz zu ihm und blickte auf ein großes braunes Muttermal mit langen, schwarzen Haaren oberhalb seines Bauchnabels.

Es folgte ein Vortrag über die schädlichen Sonnenstrahlen, bei dem ich nur halb zuhörte, weil ich versuchte, weiterhin die Wärme auf der Haut zu genießen. Dann änderte sich sein Tonfall. »Mit den Brombeeren müssen Sie etwas unternehmen.«

Alarmiert schrak ich hoch. »Was meinen Sie?«

»Die wuchern, die Wurzeln kommen bei mir an. Das geht nicht.«

Ich glaubte, nicht richtig zu hören. »Sie wissen, dass der Garten nicht mir gehört und dass ich nur vorübergehend hierfür verantwortlich bin?«

»Ich habe in den Statuten nachgelesen. Sie müssen das ändern, egal ob Eigentümer oder Mieter auf Zeit. Außerdem«, er zog einen Zollstock aus der Gesäßtasche und hielt ihn an meinen geliebten Brombeerbusch, »die Büsche überragen die zulässige Höhe für diese Früchte bereits um drei Zentimeter.«

Einen kleinen Moment glaubte ich an einen Scherz, solch einen seltsamen Humor traute ich ihm zu. Doch ein Blick auf ihn reichte. Indiana Jones der Pfalz in geheimer Mission, da verstand Herr Schmidt keinen Spaß. Selbst Bestechungsversuche mit Frau Mosers selbst gemachter Brombeermarmelade verliefen im Sande. Zwar nahm er sie gerne an – es stellte sich heraus, dass Herr Schmidt ein Geizkragen war – änderte aber sein Verhalten nicht.

In meiner Naivität glaubte ich, die Probleme würden behoben sein, wenn ich die Brombeerbüsche kürzte. Was für ein fataler Irrtum.

Als Nächstes traf es die Rosen, englische Duftrosen, in die ich mich verliebt hatte. Majestätisch verbreiteten sie mit ihren vollen Blütenköpfen ihren betörenden Duft. Ich musste sie umbetten und zusehen, wie sie um ihr Überleben kämpften. Doch damit nicht genug. Der Jasmin stank, die herabfallenden Magnolienblätter waren eine Zumutung, meine Tagetes zogen die Schnecken an, die dann bei ihm einfielen.

Ich ertrug weder seinen Anblick noch seine Stimme mehr und erstarrte, sobald er das Wort an mich richtete. Sein »Ajo« trieb meinen Puls in die Höhe. Er schaffte es in meine Träume, aus denen ich schreiend und schweißgebadet aufwachte.

Für mich gab es erst eine Ruhepause, als Herr Schmidt sich mit dem Kirschbaum des Nachbarn zur anderen Seite stritt. Bis der Kastanienbaum für richtigen Ärger sorgte.

Die Parzelle Herrn Schmidts grenzte an eine Wiese, auf der dieser Kastanienbaum stand. Ein Esskastanienbaum. Der einzige weit und breit, einer, der jedes Jahr reichlich Keschde trug, wie mir die Nachbarn berichteten. Das Herzstück des Kleingartenvereins. Ihm zu Ehren fand jedes Jahr im Herbst das Keschde-Fest statt. Die Speyerer fanden immer einen Grund zu feiern und für die Schrebergartengemeinde war dies das Highlight des Jahres.

Herr Schmidt drohte mit rechtlichen Schritten gegen den Baum. Ihn störten die herabfallenden Blätter und Früchte. Jedes Gespräch mit ihm endete im Streit und mit Zitaten aus der Schrebergartenverordnung. Selbst der Vorstand war irritiert und die allgemeine Stimmung gegen Herrn Schmidt wurde bedrohlich, was ihn hingegen nicht weiter störte.

Ein paar Tage später standen die Herbstastern Herrn Schmidts ohne Blütenköpfe da. Er tobte, schimpfte und ich hoffte aus der Ferne, dass sich unser Problem auf natürliche Art erledigte. Vergeblich. Herr Schmidt suchte Zeugen, rief die Polizei und verursachte einen Riesenwirbel. Die Ruhe in unserer Anlage war vorbei. Doch niemand hatte etwas gesehen, statt Trost gab es Häme und Schadenfreude für den ungeliebten Mitnutzer. In seiner Wut stürzte er sich in die nächste angebliche Verfehlung eines Nachbarn. Das überlebte Herr Schmidts Apfelbaum nicht, er wurde in der Nacht abgeholzt – und wieder hatte niemand etwas gesehen.

Herr Schmidt schäumte vor Wut. Seine Gesichtsfarbe wechselte bedrohlich, zeigte sämtliche Schattierungen zwischen Weiß und Rot. Leider nicht lebensbedrohlich.

Mir spielte er besonders schlimm mit, denn was immer ich ihm getan hatte, in mir suchte er eine Verbündete. Er flüsterte von Spionen und Feinden, die ihn umgaben; ich müsse ihm helfen. Ich sei doch auch eine Neue. Er lag falsch. Ich fühlte mich dem erlauchten Kreis der Kleingärtner zugehörig und schaute dem Tag schwermütig entgegen, wenn ich die Parzelle wieder abgeben sollte.

Die Tage vor dem Keschde-Fest waren turbulent. Zum einen bewachten wir den Baum Tag und Nacht aus Sorge, Herr Schmidt würde seine Drohungen wahr machen. Zum anderen standen Blumendrehen, Girlandenbasteln und Säuberungsarbeiten auf dem Programm. Kein Unkraut sollte das Gesamtbild stören. Selbstredend, dass wir keine giftigen Substanzen verwendeten, sondern Handarbeit angesagt war.

Für das gute Gelingen des Fests steuerte jeder etwas für das leibliche Wohl bei. Ich entschied mich für meinen Kastanienkuchen, der immer gut ankam. Außerdem war er, wie ich fand, besonders passend.

Entgegen aller Hoffnung und Vermutungen hielt sich Herr Schmidt nicht fern, sondern schien plötzlich überall gleichzeitig zu sein. Dabei grinste er süffisant, stand im Weg und provozierte allein durch seine Anwesenheit. Manchmal kommentierte er unsere Aufräumarbeiten mit Ratschlägen, die keiner hören wollte. Für mich war klar, dass er etwas im Schilde führte, ohne zu wissen, was. Ich behielt ihn im Auge, um für alles gewappnet zu sein. Was sich als Glücksfall erwies.

Am Morgen des Fests sah ich Herrn Schmidt nur ganz kurz. Er stand in Shorts, Hemd und mit Hut auf dem Kopf vor seinem Eingang, trug statt Sandalen Gummistiefel und grinste wieder diabolisch. Ich grüßte lächelnd zurück und dachte, wer zuletzt lacht, lacht am besten.

Um elf Uhr begann das Keschde-Fest, mein Kuchen wurde von allen hoch gelobt. Der Grillduft zog über die ganze Anlage, Bier und Wein flossen reichlich, jemand holte eine Gitarre und am Abend saßen wir am Lagerfeuer und sangen gemeinsam Lieder.

Von Herrn Schmidt hörten wir den ganzen Tag nichts.

Am nächsten Morgen, ich hatte in der Hütte übernachtet, stand ich früh auf und begrüßte den Tag mit einer Tasse Kaffee an meinen Brombeeren, beziehungsweise dem, was von ihnen übrig geblieben war. Es war unnatürlich ruhig bei Herrn Schmidt, was ich genoss. Gegen zehn Uhr traf der Vorstandsvorsitzende Herr Mai bei mir ein. »Seltsam, dass Herr Schmidt so ruhig ist. Haben Sie ihn schon gesehen?«

Ich verneinte. »Sollen wir mal schauen gehen?«, fragte ich. Jetzt hatte ich einen Zeugen.

Wir klopften laut an die Tür, doch niemand rief uns herein. »Es ist offen«, sagte Herr Mai irritiert und ich nickte ihm aufmunternd zu, einzutreten. Ich wusste, was mich erwartete.

»Ach du meine Güte«, sagte er, »wir brauchen einen Notarzt. Kümmern Sie sich darum?«

Natürlich. Ich wählte die 110, ein Toter, vielleicht Herzinfarkt. Doch es stellte sich heraus, dass Herr Schmidt Opfer eines Unglücks war. Unkrautvernichtungsmittel. Die Polizei erklärte, die Untersuchungen hätten ergeben, dass Herrn Schmidt versehentlich Unkrautvernichtungsmittel zu sich genommen hatte. Sein Internetbrowser zeigte, dass er ein Mittel gegen einen Kastanienbaum gesucht und es bestellt hatte. Selbstredend, dass sich die Trauer um Herrn Schmidts Schicksal in Grenzen hielt.

Niemand hinterfragte die Details, wie es passiert sein konnte. Ich hätte Auskunft geben können, ihnen sagen, wie er gegrinst hatte, als ich ihm ein Stück des Kastanienkuchens brachte. Die Gummistiefel hatten mich alarmiert. Warum sollte jemand, der immer Sandalen trug, auf einmal seine Füße schützen wollen? Doch nur, wenn er etwas Unsägliches vorhatte. Den Kuchen aß er sofort, das Mittel, das ihn betäubte, wirkte innerhalb von Minuten. Wozu arbeite ich in einer Apotheke? Während ich ihm sein eigenes Mittel gegen Unkraut in den Mund füllte, erzählte ich ihm, wie schön der Tag werden würde. Was er ja auch gewesen war. Alles wurde gut.

Der Vorstand bestimmte einstimmig, dass Herrn Schmidts Gartenstück an mich überging. Mit Frau Moser bin ich mir wegen der Brombeeren einig und ihre englischen Rosen hüllen uns wieder mit ihrem betörenden Duft ein.

Nur Herr Mai irritiert mich. Manchmal schaut er mich so nachdenklich an. Ob er etwas ahnt? Falls Herr Mai ein Problem werden sollte – ich bin sicher, auch dafür werde ich eine Lösung finden.

Keschdekuchen

Zutaten:
400 g vorgekochte Maronen
300 g Puderzucker
180 g Butter oder Margarine
300 g gemahlene Mandeln oder Walnüsse
6 Eier
1 Päckchen Vanillezucker
1/2 Päckchen Backpulver

Zubereitung:
Die vorgekochten Maronen pürieren. Aus den übrigen Zutaten einen Teig herstellen und die pürierten Maronen hinzufügen. Das Ganze in eine gefettete Springform füllen.
Im vorgeheizten Backofen bei 200 Grad etwa 55 Minuten backen.

PETRA SCHEUERMANN

Eine fast vergessene Schuld

LAMBSHEIM

Es war die Art, wie Catrin, meine Nichte, mich ansah, so fragend, so entsetzt. In diesem Augenblick war mir klar, dass sich nichts mehr verheimlichen ließ. Niemals hätte ich erwartet, dass die Geschichte von sellemols mich noch einmal einholen würde, nicht nach dieser langen Zeit.

»Tante Ilse, wir haben etwas gefunden. Unter der Gartenlaube. Weißt du etwas darüber?«

Obwohl sich niemand aus unserer Familie jemals in dieser Gartenlaube aufgehalten hatte, besaß sie eine Art Bestandsschutz, war ihr Holz jedes Jahr neu gestrichen worden. Jeder, der auf dem Hof wohnte, wusste, dass die Gartenlaube heilig war. Meine Nichte schien das nicht allzu ernst genommen zu haben.

Catrin sah mich fordernd an. »Wenn du etwas weißt, musst du es mir sagen!«

Mir wurde schwindlig. Ich musste mich hinlegen. Meine Nichte half mir dabei. Das war alles zu viel für mich; ich stellte mich schlafend, bis Catrin gegangen war.

Aus meinem tiefsten Inneren war diese Schuld an die Oberfläche geschwappt und überflutete meine Gefühlswelt wie eine meterhohe Welle. Ich sah alles wieder vor mir. Noch einmal war ich sieben Jahre alt.

Wir wohnten auf dem elterlichen Hof meiner Mutter, einem Aussiedlerhof, der zur Gemeinde Lambsheim gehörte, dem Geburtsort meiner Eltern. Wir hatten mehrere Schweine, zehn Stallhasen, einige Hühner und einen Hahn. Seit mein Vater in den Krieg hatte ziehen müssen, wurden die meisten unserer Gemüsefelder von den Geschwistern und Eltern meines Vaters bestellt. Ich liebte das Leben auf dem Hof und das Zusammensein mit den Tieren, besonders mochte ich den gutmütigen Schäferhund Asta und unsere Katzen. Bevor mein Vater eingezogen worden war, hatte bei uns auf dem Hof immer viel Trubel geherrscht. Wir hatten mehrere Mägde und viele Erntehelfer. Inzwischen gab es die meiste Zeit des Jahres nur noch uns beide auf dem Hof, meine Mutter und mich. Bis zu diesem Tag.

Es war der 22. Oktober 1940, als ich am späten Nachmittag in der Scheune ein Wimmern hörte.

Ich lief zu meiner Mutter und rief: »Komm, Mama, komm schnell. In der Scheune ist ein kleines Kätzchen.« Ich dachte, eine trächtige Katze hätte sich im Heu versteckt, um ihre Jungen zu gebären.

Statt eines Kätzchens fanden wir eine junge Frau mit ihrem Säugling. Meine Mutter nahm die beiden mit ins Haus und schloss, entgegen ihren sonstigen Gepflogenheiten, die Haustür ab. Zunächst weinte die Frau mit dem Kind um die Wette. Nachdem Emma ihren Säugling gestillt hatte, durfte ich die kleine Lana halten. Sie war erst fünf Wochen alt und hatte die Größe einer Puppe. Ich bewunderte ihre kleinen Händchen und Füßchen. Dann trug Mama meine Lieblingsspeise auf: Grumbeersupp mit Quetschekuche.

Emmas Vater war am frühen Morgen des 22. Oktober 1940 wach geworden, als an der Wohnungstür in der Hintergasse Sturm geklingelt wurde. Er ahnte Schlimmes. Emma versteckte sich mit dem Säugling im großen Schrank. Ihre Zähne klapperten wild, als sie durch das Schlüsselloch sah, wie draußen mehrere uniformierte

Männer in die Wohnung stürmten. Sie hatten eine Liste, auf der Emmas Eltern und ihre Großeltern mütterlicherseits vermerkt waren. Emma stand nicht darauf, denn sie wohnte mit ihrem Mann in Frankenthal. Sie wollte nur das Laubhüttenfest, eine Art jüdisches Erntedankfest, bei ihren Eltern in Lambsheim feiern. Die Familie sollte packen, sie würden in einer Stunde abgeholt. Lediglich 50 Kilo Gepäck und 100 Reichsmark pro Person durften sie mitnehmen. Es waren zwei Bewacher dageblieben, sie standen unten vor dem Haus und rauchten. Emma wollte bei ihren Eltern bleiben, aber ihre Mutter schaffte sie zusammen mit dem Kind zu einer Nachbarin, die einen Stock tiefer lebte. Die Frau sagte, wenn ihr Sohn davon erführe, würde er die junge Frau abholen lassen. Gegen Mittag drückte sie ihr etwas Geld in die Hand und schickte sie weg.

In Worms wohnte eine Cousine Emmas, die mit einem Deutschen verheiratet war. Vielleicht könnte sie dort fürs Erste unterkommen, dachte Emma. Sie hatte erwartet, sofort verhaftet zu werden, sobald sie aus dem Haus treten würde, aber niemand schien auf sie zu achten. Hastig verließ sie den Ort auf dem schnellsten Weg. Hier war Emma aufgewachsen, aber jetzt fühlte sie sich, als hätte man sie in einem ihr unbekannten Landstrich ausgesetzt. Verwirrt lief sie durch die Felder, ihren Säugling drückte sie fest an ihr Herz. Als sie vor Lambsheim an einem Aussiedlerhof vorbeikam, hatte sie vor, sich kurz zu sammeln und Lana in der Scheune zu stillen. Ängstlich sah sie auf den Schäferhund, der angeleint vor der Hütte stand, aber er bellte nicht einmal, als sie die Scheune betrat.

Emma und Lana blieben bei uns und Mutter richtete im Dachgeschoss ein Bett her. Auch meine alte Wiege wurde nach oben geschafft. Und dann bläute mir meine Mutter ein, dass ich mit niemanden über die beiden reden dürfte, sonst wäre das ihr und unser Todesurteil, dann würden wir alle abgeholt. Deshalb müsste ab jetzt auch die Haustür abgeschlossen werden. »Du muscht immer uffbasse!«, schloss meine Mutter.

Normalerweise blieb Emma mit Lana tagsüber oben im Dachgeschoss. Erst abends kamen sie herunter. Wir aßen dann gemeinsam in der großen Wohnküche und saßen dort, bis wir zu Bett gingen.

Die beiden wohnten schon vier Wochen bei uns, als ich abends Asta nach draußen in die Hütte brachte. Vielleicht war ich durch irgendetwas abgelenkt worden oder ich hatte es einfach nur eilig, da ich mich auf meine Lieblingsspeise freute. Erwartungsvoll setzte ich mich an den Tisch. Meine Mutter wollte wissen: »Hast du auch die Tür abgeschlossen?«

Sofort hatte ich ein schlechtes Gewissen und stürzte nach draußen. Zunächst öffnete ich die Haustür einen kleinen Spalt weit, da sah ich Mimmi, unsere Katze, sie saß vor der Tür und sofort war sie im Haus. In ihrem Mund zappelte etwas. Sie hatte eine Maus mit ins Haus gebracht. Ich öffnete die Tür erneut und scheuchte Mimmi mitsamt der Maus hinaus. Meine Mutter ermahnte mich, endlich zum Essen zu kommen. Ich rannte los. Und zum zweiten Mal an diesem Tag vergaß ich, die Haustür abzuschließen.

Wir saßen gemeinsam vor unseren Tellern mit Grumbeersupp, daneben lag der leckere Quetschekuche, den ich so sehr zur Suppe liebte. Plötzlich war ein Geräusch zu vernehmen und schon wurde die Klinke der Küchentür heruntergedrückt. Den entsetzten Blick, den meine Mutter mir in diesem Moment zuwarf, werde ich mein Leben lang nicht mehr vergessen. Herein kam der Maiers Walter aus Frankenthal. Er war noch nicht ganz in der Küche, als er zu schreien begann: »Magret, isch glaab du hoscht net mehr alle Tasse im Schronk. Verschteckscht die mit ihrm Balg. Des muss isch melde! Des muss isch melde!«

Ich verstand nicht, über was er sich so aufregte. Wir saßen doch nur zusammen und aßen. Aber hatte mich meine Mutter nicht gewarnt, dass ich niemanden etwas sagen dürfte über Emma und Lana? Ich hatte niemanden etwas gesagt, jedoch vergessen, die Haustür abzuschließen.

»Alla hopp, setz dich halt erscht emol un du was mitesse«, sagte meine Mutter versöhnlich. Sofort schob sie ihm ein Stück Zwetschgenkuchen zu, stand auf und holte einen Teller, den sie randvoll mit Kartoffelsuppe füllte. Onkel Walter, wie ich ihn nannte, obwohl er nicht mein richtiger Onkel war, setzte sich tatsächlich und begann zu essen. Allerdings sagte er immer noch, dass er die Jüdin und das Kind mitnehmen müsse, und er müsse auch melden, wo sie sich versteckt gehalten hätten. Mama füllte seinen Teller erneut, und er bekam noch ein Stück Kuchen und zum Abschluss einen Schnaps. Dann sagte er, er müsse mal austreten. Emma sollte mit Lana nach draußen kommen. Walter war bei der Polizei, plötzlich holte er seine Handschellen hervor, grob drängte er die junge Frau in die Scheune. Zwei Minuten später kam er allein heraus und öffnete die Tür des Plumpsklos. Meine Mutter rannte in die Scheune, kam mit dem Säugling zurück und sagte zu mir: »Verschwinde mit Lana nach oben und komm erst wieder runter, wenn ich dich rufe. Auf keinen Fall vorher.«

Ich hatte Angst, große Angst. Es war dieses Zittern in der Stimme meiner Mutter. Nach einer gefühlten Ewigkeit kam sie nach oben und teilte mir mit: »Komm jetzt runter, es ist alles in Ordnung. Kein Wort, zu niemand.«

Onkel Walter sei nicht bei uns gewesen an diesem Abend. »Hast du mich verstanden?«

Ja, ich hatte verstanden. Und als ich nachts wach wurde und meine Mutter nicht im Ehebett neben mir lag, da hörte ich unten ein Geräusch. Ich schlich die Treppe runter, die Haustür stand offen. Draußen sah ich, wie meine Mutter gemeinsam mit Emma einen zusammengerollten Teppich in Richtung Gartenlaube schleifte. Ich ahnte, was passiert war. Erst sehr viele Jahre später erfuhr ich die ganze Wahrheit. Meine Mutter hatte mit einem großen Kantholz vor der Tür des Plumpsklos gewartet. Sobald Walter die Tür öffnete und heraustrat, drosch meine Mutter mehrmals auf seinen Schädel ein. Sie war eine sehr resolute und kräftige Frau; der schmächtige Walter hatte keine Chance. Die beiden Frauen gruben nachts ein großes Loch inmitten der Gartenlaube und bestatteten dort den Toten. Dann stampften sie die Erde wieder fest und stellten den runden Holztisch und die Bank darauf. Viele Jahre später wurde der Boden der Gartenlaube betoniert. Kein Wort verloren wir jemals mehr über diese Geschichte.

Alles war meine Schuld gewesen. Hätte ich damals die Haustür abgeschlossen, wie mich meine Mutter geheißen hatte, dann wäre nichts passiert. Warum musste gerade auch Onkel Walter kommen, der manchmal nach dem Rechten sah. Der Maiers Walter war als einer der ersten in die NSDAP eingetreten. Mit dem konnte man nicht dischbediere, meine Mutter hatte handeln müssen, wollte sie Emma, Lana und uns beide retten. Sie war schon immer eine Frau der Tat gewesen.

Insgesamt wurden zwischen dem 21. und 22. Oktober 1940 über 6.500 Juden aus Baden, dem Saarland und der Pfalz in ein Lager nach Gurs in Südfrankreich deportiert. Aus der Pfalz wurden in dieser Nacht 826 Menschen verhaftet und weggeschafft. Aus Lambsheim waren es acht, die mit Bussen zu einer Sammelstelle nach Ludwigshafen gefahren wurden. Von dort wurden sie mit Zügen nach Gurs transportiert. Emma sah ihre Familie und auch ihren Mann niemals wieder. Ihre Großeltern überlebten die schrecklichen Zustände im Lager nur wenige Monate. Ihre Eltern und ihr Mann wurden 1942 deportiert und in Auschwitz-Birkenau ermordet.

Am nächsten Tag war meine Nichte erneut da. Ich freute mich immer, wenn Catrin mich besuchen kam. Sie wohnte jetzt auf dem Hof. Vor acht Monaten hatte ich beschlossen, aufgrund meiner Gebrechlichkeit ins Pflegeheim zu ziehen. Hier hatte ich mein eigenes Zimmer, es ging mir gut. Zuhause war alles zu beschwerlich geworden.

Catrin wollte die Wahrheit wissen. Unbedingt. Sie sollte sie erfahren.

Grumbeersupp un Quetschekuche

(Kartoffelsuppe und Zwetschgenkuchen)

Ja, ein echter Pfälzer isst den Quetschekuche direkt zur Grumbeersupp, auch wenn sich ein Außergewärdischer das nicht vorstellen kann.

Grumbeersupp

Zutaten:
1 kg Kartoffeln
1 Zwiebel
2 Karotten
1 Stange Lauch
1/2 Knolle Sellerie
2 l Wasser
Petersilie, Schnittlauch, frisch
Salz, Pfeffer, Majoran, Muskat
etwas Sahne, optional

Zubereitung:
Die Kartoffeln und das Gemüse säubern, schälen und klein schneiden, alles in einen Topf geben, mit dem Wasser auffüllen und erhitzen. Sobald alles gar gekocht ist, die Masse durch ein Sieb passieren und mit den Gewürzen und der Sahne abschmecken, mit frischer Petersilie garnieren.

Quetschekuche

Zutaten:
1.250 g Zwetschgen
375 g Mehl
60 g Zucker
20 g Hefe
1/8 l Milch
1 Ei
60 g Butter
1 gute Prise Salz

Zubereitung:
Zunächst einen Hefeteig herstellen. Hierzu das Mehl in eine Schüssel sieben. Etwas lauwarme Milch und einen Teelöffel Zucker mit der Hefe in einer Tasse verrühren, zu dem Mehl in eine Mulde geben und dort mit etwas Mehl verrühren. Den Teig zehn Minuten gehen lassen, dann die restlichen Zutaten hinzugeben. Alles gut schlagen, bis sich der Teig von der Schüssel löst. Eine Kugel formen und zugedeckt an einem warmen Ort gehen lassen (30 bis 40 Minuten), bis sich der Teig verdoppelt hat.
Die Zwetschgen waschen, abtrocknen, halbieren und entsteinen.
Den Teig auf einem Kuchenblech verteilen. Die Zwetschgen gleichmäßig auf den Teig legen. Die Außenseite der Zwetschgen zeigt nach unten.
Backzeit: Ober- und Unterhitze 30 bis 40 Minuten. Sobald der Kuchen ausgekühlt ist, mit etwas Zucker bestreuen.

LILO BEIL

Gemütlichkeit oder: November-Blues

Vorderer Odenwald / Südpfalz

Den Herbst hatte Charlotte von allen Jahreszeiten immer am meisten gemocht. Nicht nur den goldenen Herbst, die sonnendurchfluteten Oktobertage mit der Kastanienlese in den Wäldern der südlichen Pfalz. Nicht nur die Einkehr in von Flammkuchenduft durchzogene Weinlokale. Nicht nur das Basteln von Rosskastanientierchen und das Ernten und anschließende Schnitzen und Aushöhlen von Riesenkürbissen zu furchterregenden, Grimassen schneidenden Fratzen in Kindertagen. Nicht nur die Traubenlese bei benachbarten Winzern.

Nein, der November war es, der ihr unverbesserlich romantisches Herz höher schlagen ließ. Wenn alle über den Novemberblues klagten und jammerten, die kurzen, nebligen Tage verfluchten und sich nach dem Sommer zurücksehnten, machte sie es sich zuhause gemütlich bei Kerzenschein und heißem Tee.

Charlotte nahm ihren Hund an die Leine. Er schien sich um den Novemberblues ebenso wenig zu kümmern wie seine Herrin. Mit flinken Schritten eilte der schwarz-weiße Hütehundmischling vor ihr her. Sein heftiges Schwanzwedeln war Körpersprache genug.

Herrin und Hund näherten sich dem Waldstück, das die Einheimischen *Bosch* nannten.

Unten im Tälchen, das wusste Charlotte, wimmelte es heute im großen Möbelmarkt von Besuchern aus Baden-Württemberg und der Pfalz, die im hessischen »Ausland« der Leidenschaft frönen konnten, die ihnen heute versagt war: dem Shoppen. Allerheiligen – Feiertag im Ländle und im Linksrheinischen, aber nicht in Hessen, nicht hier im Vorderen Odenwald.

Doppelt genoss Charlotte die Stille und die Einsamkeit, wenn sie an das Gewusel da unten dachte, an das Gequengel der Kinder und die Ermahnungen der genervten Eltern.

Der Nebel wurde dichter. Der November kündigte sich in angemessener Form an. Man sah keine fünf Meter weit.

Dichterzeilen gingen durch Charlottes Kopf: »Seltsam, im Nebel zu wandern. Einsam ist jeder Busch und Stein. Kein Baum sieht den andern, jeder ist allein …« Hermann Hesse. »Im Nebel« war eins ihrer Lieblingsgedichte.

Hildegard fiel ihr ein. Hildegard, die kürzlich gestorben war. Sie hatte eine erneute Chemotherapie abgelehnt. »Lieber ein nicht so langes Leben als eine verlängerte Qual«, das war der Satz gewesen, den sie in ihrer letzten Mail geschrieben hatte. Und dann: »Ich werde Weihnachten nicht erleben, Charlotte.«

Es war so schnell gegangen. Hildegards Mann hatte vor zwei Wochen angerufen, kurz nach dem Frühstück. »Hildegard ist letzte Nacht gestorben. Es war eine Erlösung.« Erst jetzt, hier im Schutz des dichten Nebels, konnte Charlotte über den Tod des lieben Menschen weinen, der nun einfach nicht mehr da war.

Ihr Hund kam zu ihr gelaufen, leckte ihr tröstend die Hand. Moritz merkte alles. Nicht die kleinste Gefühlsregung seiner Herrin entging ihm.

Der Hohlweg zum *Bosch* hin war mit dichtem, goldenem Herbstlaub übersät. Wie ein Kind schlurfte Charlotte durch das Blättermeer, brachte die Blätter zum Hochwirbeln. Mitten im Schniefen hielt sie inne, genoss, dass sie leben durfte.

Hildegard würde Verständnis haben. Sie hatte den Herbst ebenfalls geliebt. Sie waren wie Schwestern gewesen. Hatten die Lieblingslektüren geteilt: Nesthäkchen, Trotzköpfchen, Heidis Lehr- und Wanderjahre, Rosenresli und Das doppelte Lottchen.

In Hildegards Elternhaus gab es keine Bücher außer der Bibel und dem »Deutschen Hausschatz«, dafür bogen sich die Regale im Studierzimmer und im Kinderzimmer des Pfarrhauses, Charlottes Elternhaus, unter der Last der Bücher.

Sie teilten auch die Abneigung gegen ihre Lehrerin mit der kalten Ausstrahlung. Es hieß, sie sei eine begeisterte BDM-Führerin gewesen. Zusammen wuchsen Charlotte und Hildegard auf in jenem südpfälzischen Dorf zwischen Kandel und Bergzabern. Haus an Haus. Hildegards Familie bewohnte ein bäuerliches Fachwerkhaus. Das Pfarrhaus daneben war ein großbürgerliches Anwesen wie fast alle Pfarrhäuser in Deutschland.

Um der Arbeit auf dem Bauernhof zu entrinnen, denn Kinder mussten in den 50er-Jahren fleißig mithelfen im Stall und bei der Feldarbeit, huschte Hildegard so oft wie möglich ins Pfarrhaus, wo man nicht von strengen Eltern ausgeschimpft wurde. Charlotte, die freizügig aufwachsen durfte, half ab und zu freiwillig mit, wenn Hildegard irgendwelche Arbeiten in Haus und Hof zu verrichten hatte.

Es gab dann auf Charlottes Wunsch hin die Belohnung, heute würde man sagen: das Highlight, in Form der himmlischen Dampfnudeln, die Hildegards Großmutter wie sonst niemand im Dorf backen konnte. »Dampfnudel-Oma«, so nannten Hildegard und Charlotte die Herrin über Töpfe und Pfannen und Herdfeuer.

In Ausnahmefällen durften die Mädchen sogar von der köstlichen Weinschaumcreme versuchen, die für die Erwachsenen vorgesehen war, doch an normalen Tagen schmeckte auch die Vanillesoße zu den Dampfnudeln sehr fein.

Großmutter Elsa Rapp duldete es nicht, wenn man ihr beim Zubereiten der Dampfnudeln zusah. Es ist ein Geheimnis ums Gelingen, und es soll mein Geheimnis bleiben, sagte sie unerbittlich. Die Unnachgiebigkeit war, das wussten die beiden Mädchen, nur aufgesetzt. Hinter der gespielten Strenge verbarg sich ein weicher Kern, ein großes Herz.

Moritz witterte ein Reh oder einen Hasen, und Charlotte nahm ihn schnell an die Leine. Sie wollte es nicht riskieren, dass man ihren wildernden Hund abknallen würde.

Es war doch an Allerheiligen gewesen damals, ging es durch Charlottes Kopf, als man den Julius auf einer Bahre in den Hof trug, in dem Hildegard wohnte. Julius, Hildegards Bruder. Er war 19 Jahre alt, neun Jahre älter als Hildegard und Charlotte. Die beiden Mädchen spielten gerade Himmel und Hölle im Bauernhof, als die Männer mit dem Toten ankamen.

Schnell wurden die Mädchen ins Pfarrhaus geschickt. Charlottes Eltern kümmerten sich um die verstörten Kinder.

Hildegard durfte die nächsten Tage über im Pfarrhaus wohnen. Sie wurden sogar für zwei Tage vom Schulunterricht befreit, weil sie sichtlich unter Schock standen. Es gab damals noch keine posttraumatische Behandlung durch Psychologen, aber das Geschichtenvorlesen und das Bemuttertwerden durch die Pfarrfrau linderte den Schmerz der Kinder.

Sie erzählten sich abends schaudernd vor dem Schlafengehen, wie sie das Blut aus der Schläfe des Toten hatten sickern sehen. Sie erzählten sich auch, dass sie wussten, wer der Mörder war, doch sie hatten Angst, sich einem Erwachsenen anzuvertrauen.

Sie waren vor dem Hüpfspiel im nahen Wald gewesen, im sogenannten Mühlhofer Wäldchen, wo man Julius später tot auffand.

Der Eichenlaubs Günther war ihnen begegnet. Sie hatten ihn durch den Dunst hindurch erkannt, eine hünenhafte Gestalt, die selbst im dichtesten Nebel hervorstach. Er hatte die Kinder nicht wahrgenommen, klein wie sie waren und leise, hinter einer dicken Eiche verborgen. Das Gewehr hatte er geschultert, Schüsse fielen. Und sie meinten, seltsame Worte gehört zu haben, die zunächst keinen Sinn machten: »So, nun komm, ich werd dich schon das Poussieren mit der Gerlinde lehren.«

»Er hat geübt«, sagte Hildegard, bevor die Mädchen, vom Schlaf übermannt, doch noch zur Ruhe kamen. »Er hat geübt für den Julius.« Dann sagte sie im Flüsterton: »Ich weiß, dass er die Gerlinde dem Julius nicht gegönnt hat. Und er hat den Julius erschossen.«

Noch zwei Tage durfte Hildegard im Pfarrhaus bei ihrer Freundin Charlotte bleiben. Sie fand etwas Trost beim Spielen mit den drei Katzen und dem Hund Toni. Charlotte wollte den braunen Setter mit den treuen Augen Melanchthon nennen, aber ihre Eltern erhoben Einspruch, mehr der Leute in der Gemeinde wegen, die es vielleicht nicht so gut gefunden hätten, dass der Hund des Pfarrers nach dem berühmten Reformator benannt wurde.

So blieb es bei Toni. Trost spendeten auch die Dampfnudeln, die Oma Elsa von nebenan ins Pfarrhaus brachte. Zuerst wie erstarrt, versuchte die alte

Frau nun auf ihre eigene Weise, Schock und Trauer zu überwinden, und zwar durch befreiende Tätigkeit. Ihre Lieblingstätigkeit, das Kochen, war für sie die beste Heilmethode.

Für kurze Zeit, beim Genießen der himmlisch duftenden und köstlich schmeckenden, »mit braunen Füßchen« versehenen Dampfnudeln, vergaßen die Kinder die Schüsse im Wald, den Riesen im Nebel, das viele Blut, das aufs Kopfsteinpflaster des Bauernhofs getropft war. Und sie vergaßen beinahe das grässliche Geschehen.

Es gab eine Gerichtsverhandlung.

Die beiden Mädchen schwiegen, sie schworen sich, immer zu schweigen, ihr Leben lang. Die Worte, die der Hüne im Nebel hervorgestoßen hatte, sie waren sich nicht sicher genug, ob sie richtig gehört hatten.

»Es war ein Unfall«, behauptete der Eichenlaubs Günther beharrlich. »Der Nebel, ich hab gedacht, ich seh einen Keiler, der sich hinter den Tannen bewegt. Da hab ich geschossen. Immerhin war ich zum Jagen in den Wald gegangen.«

Ganz straflos war der Eichenlaubs Günther damals nicht davongekommen. Wegen fahrlässiger Tötung musste er im Gefängnis seine Zeit absitzen. Eine zu kurze Zeit für einen gemeinen Mord, das wussten die Freundinnen Hildegard und Charlotte.

Die Spaziergängerin nahm ihren Hund fester an die Leine, denn in der Ferne waren Schüsse gefallen. »Streunende« und »wildernde« Hunde wurden gnadenlos erschossen, das wusste sie. Die Rechte der Jäger, ihre Privilegien, ihre Argumente: Sie unterschieden sich in keiner Weise von denen in ihrer Kinderzeit.

Und der Nebel, den sie doch so sehr liebte, war Erfüllungsgenosse für so manche feige Tat, für so manchen als Unfall getarnten Mord. »Moritz, komm«, sagte sie und schritt schneller voran.

Der Duft von heißen frischen Dampfnudeln, von Vanillecreme und Weinschaumsoße stieg in die Nase der einsamen Spaziergängerin dort oben im *Bosch*.

Durch den Nebel hindurch blinkten die Lichter vom Möbelmarkt aus dem Tälchen herauf. Scheinwerfer von anfahrenden und abfahrenden Autos.

»Seltsam, im Nebel zu wandern. Leben ist Einsamsein.« So ging es durch Charlottes Kopf. »Kein Mensch kennt den andern, jeder ist allein.« Sie vermisste Hildegard, die Freundin aus Kindertagen, die ein Geheimnis mit ins Grab genommen hatte. Das Geheimnis um einen hinterhältigen Mord.

Nein, ich bin nicht einsam, dachte Charlotte, als sie die Schnauze ihres Hundes spürte, der ihr die Hand leckte und dabei wie fragend zu ihr hochsah.

Dampfnudeln und Weinschaumcreme

Dampfnudeln

Zutaten:
1 kg Mehl
40 g Hefe
etwas lauwarme Milch
4 TL Zucker

Die Zutaten zu einem Vorteig anrühren und gehen lassen.

2 Eier
Salz
100 g Zucker
160 g Butter
1/2 l Milch

Zubereitung:
Diese Zutaten zum Vorteig dazutun, kneten und gehen lassen. Nach circa eineinhalb Stunden die Dampfnudeln formen und abgedeckt nochmals gehen lassen. Danach ausbacken: Öl in eine Pfanne geben, vier Dampfnudeln leicht anbraten, danach Wasser und Salz dazutun. Den Deckel draufgeben und fertig garen lassen. Die Pfanne muss »singen«.

Weinschaumcreme

Zutaten:
1/4 l Apfelwein oder herber Weißwein, pur
1 EL Zucker
1 Päckchen Vanillezucker
1 EL Mehl
2 Eier

Zubereitung:
Den Wein, beide Sorten Zucker und das Mehl vermengen und alles zum Kochen bringen, dann von der Kochstelle nehmen. Zwei Eigelbe hineinrühren, anschließend das Eiweiß zu Schnee schlagen und darunterheben. Auch Vanillesoße schmeckt gut zu Dampfnudeln.

MICHAEL BAUER

De Blutworscht-Blues

GANZ HINNE DRAUS

Bloß mit echtem Menscheblut
sin Drache satt zu mache.
Dort unnerm Drachefriehsticks-Disch
bilden sich rote Lache.

Beim Drache-Mittaachesse:
– Genau desselwe Lied! –
setzt sich dann fort der Horrortrip,
wo hääßt »All you can bleed«.

Owends dann die groß' Reschteplatt
zum Drache-Tages-Schluss.
Sie grölen schrecklich laut dezu
de Pälzer Blutworschtblues.

Des is im hinnre Pälzer Wald,
weil vorneraus am Rhoi,
do kennt mer bloß e luschtischi
Sauschwänzelheberei.

KERSTIN LANGE

Der Wolf und Lady Death

Speyer

Wütend schmiss er die Aktentasche auf den Boden, die Schuhe flogen hinterher.

Wie hieß es in diesem Fernsehspot? »Die Agentur für Arbeit hilft Ihnen weiter, wir finden den richtigen Job für Sie. Egal ob Weiterbildung, Fortbildung oder Veränderung!«

Pustekuchen. Das gerade geführte Gespräch hatte ihn mitten ins Herz getroffen und sein Selbstbewusstsein angekratzt. Nein, nicht nur angekratzt. Eingerissen und ein riesiges Stück entnommen. Er sei zu alt. Und überhaupt, Koch wolle er werden? Seine Ansprechpartnerin – Agentin, wie er sie in Gedanken nannte und dabei Bilder böser Spioninnen im Kopf hatte – hatte seinen Berufswunsch mit einem Unterton wiederholt, der ihm die Unmöglichkeit seines Anliegens verdeutlichen sollte. Genauso gut hätte er Astronaut sagen können.

Wie konnte ein Mund nur so spöttisch grinsen?

Wie er sich das denn vorstelle, hatte sie gefragt. Auf die Frage war er vorbereitet, doch sie hatte ihm dafür keine Zeit gelassen. Stattdessen hatte sie von anstrengenden Arbeitsbedingungen gesprochen. Sie betreue viele Köche, die eine Umschulung herbeisehnten, weil sie es nicht mehr aushielten. Irgendwann hatte er sein Gehör abgeschaltet, nicht mehr zugehört, nur noch auf die sich unaufhörlich bewegenden Lippen geschaut und war auf dem unbequemen Stuhl mehr und mehr zusammengesunken. Noch nie, wirklich noch nie, hatte er sich so gedemütigt gefühlt.

War man mit fünfundvierzig zu alt, sein Leben zu ändern, neue Dinge auszuprobieren? Hatte er nicht irgendwo gelesen, dass fünfzig das neue dreißig sei? Warum galt das hier nicht?

Er stand mitten im Leben, konnte und wollte noch etwas leisten. Seine Lebenserfahrung war enorm, er konnte einiges weitergeben und finanziell war er unabhängig.

Abermals holte er tief Luft und wiederholte in Gedanken seine Beweggründe. Er war gar nicht dazu gekommen, dieser Agentin klarzumachen, um was es ihm ging. Sie hatte nur von Vorschriften und Paragrafen gesprochen und wie unendlich schwierig alles sei.

Was war schwierig daran, ihm einen Hilfsjob als Koch anzubieten? Er war überzeugt, dass er jeden Gastronomen von seinen Kochkünsten überzeugen konnte.

Anfangs hatte er aus der Not eine Tugend gemacht, nachdem er von Pommesbuden und Schnellrestaurants die Nase voll hatte. Immer wieder probierte er neue Gerichte aus dem Internet und fand Gefallen am Abändern. Die Ergebnisse konnten sich sehen lassen. Leider hatte er keine Freunde, die er hätte bekochen können, sein Job hatte ihm einfach keine Möglichkeit gelassen, einen Freundeskreis aufzubauen. Noch ein Grund, warum er etwas ändern wollte. Er wollte nicht mehr allein sein. Sich mit Kollegen zu beraten und auszutauschen, klang für ihn nach einer traumhaften Abwechslung.

Frustriert setzte er sich an den PC und suchte im Internet nach Jobangeboten. Aber es war nichts dabei, was ihn reizen konnte. Seite für Seite scrollte er durch, bis die Augen schmerzten. Plötzlich erschien am Rand die gut klingende Anzeige einer privaten Arbeitsvermittlung. Er hatte noch nie verstanden, wie das funktionierte, dass Werbeanzeigen zu den Themen erschienen, nach denen man kurz vorher gegoogelt hatte. Meist nervten die aufpoppenden Banner, in diesem Moment fand er es praktisch.

Man suchte ihn. Das stand da schwarz auf weiß. »Wir finden Ihren Traumjob!« Individuelle Beratung, für jeden das Richtige.

Er zögerte nicht. Nullachthunderter Nummer. Ohne weiter darüber nachzudenken, wählte er.

Eine äußerst sympathisch klingende Dame meldete sich. Wohltuend nach der viel zu hohen Stimme der Agentin. »Was kann ich für Sie tun?«

»Ich, also ...« Er brach ab. Das Bild der Agentin erstand vor seinem inneren Auge und ihm fehlte der Mut, sein Anliegen vorzubringen.

»Sie können mir gerne mitteilen, was Sie wünschen. Wir haben bis jetzt noch jeden vermitteln können. Hundertprozentige Kundenzufriedenheit. Wir geben nicht auf. Alter oder Handicap ist für uns kein Hindernis.«

Es klang, als ob sie das auch so meinte.

Er räusperte sich, nannte dann seinen Namen. »Gregor Altmann.«

»Guten Tag, Herr Altmann.« Eine Pause, in der ihm nichts anderes einfiel, als sich wieder zu räuspern.

Dann gab er sich einen Ruck. »Ich suche eine neue Beschäftigung. Die Bezahlung ist nicht so wichtig. Am liebsten in der Gastronomie als Koch.«

Sein Herzschlag erhöhte sich. Er hätte sein Anliegen besser verpacken sollen. Würde sie auflegen, ihn auslachen?

»Sie haben Spaß am Kochen? Männer sind beliebt in der Küche, die meisten Sterneköche sind männlich.«

»Na ja, das ist ein Ziel, das mir sicherlich verwehrt bleibt, aber ich möchte es gerne von der Pike auf lernen. Vielleicht hat jemand Interesse an einem hoch motivierten Lehrling, wenn auch etwas älteren Jahrgangs als allgemein üblich ...«

Die Formulierung klang gut. Blieb die Frage, wie sie reagierte.

»Ich würde Sie gerne persönlich kennenlernen. Aber ich habe tatsächlich zwei Anfragen Speyerer Restaurants, die passen könnten. Ist Ihnen morgen früh um zehn Uhr recht? Dann können wir das gemeinsam durchgehen. Was meinen Sie?«

Er kniff die Augen zusammen, stellte sich auf die Zehenspitzen und wippte hin und her. Träumte er?

»Sind Sie noch dran?« Sie klang besorgt, nicht genervt.

»Ja, natürlich. Entschuldigen Sie, damit habe ich nun nicht gerechnet. Danke, ja. Morgen passt gut. Was brauchen Sie von mir?«

»Nicht viel, Ihr Personalausweis und eine kurze Übersicht Ihrer Fähigkeiten und was Sie bis jetzt gemacht haben reichen mir völlig. Mir geht es um den Menschen, Papier ist geduldig.«

Nachdem er aufgelegt hatte, kniff er sich kurz in den Handrücken. Es tat weh, es war real. Bemüht, seine Erwartungen nicht zu hoch zu schrauben, stellte er sich diese private Arbeitsvermittlung als Kaschemme vor, die mit unlauteren Mitteln arbeitete. Morgen würde er wahrscheinlich erfahren, dass er diesen Job bekäme, wenn er einen Betrag x auf ein Konto überweisen oder bar auf den Tisch legen würde.

Am nächsten Morgen überlegte er tatsächlich zum ersten Mal in seinem Leben länger als zwei Minuten, was er anziehen sollte. Anzug wäre übertrieben, Jeans zu leger. Er wählte eine Chino und ein kariertes Hemd.

Fünf Minuten vor der vereinbarten Zeit stand er vor der Tür des Bürohauses an der Wormser Landstraße. Neben einem Autohaus – für seinen Geschmack kein repräsentatives Büro.

Die Dame, die ihm die Tür öffnete, erkannte er an der Stimme. Ihr Äußeres wirkte gepflegt, teuer, trotzdem dezent. Ein Mensch, den man auf Anhieb mochte. Im Büro gab es eine gemütliche Sitzecke, ein frischer Blumenstrauß stand auf dem Tisch. »Maria Selz, schön, Sie persönlich kennenzulernen, Herr Altmann. Ich freue mich, einen zukünftigen Koch zu meinem Kundenstamm zu zählen.«

Das tat gut. Jedes freundliche Wort, jedes Lächeln war eine Wohltat nach dem Desaster mit der Agentin.

Gregor lächelte zurück. »Sie sind sehr zuversichtlich. Das macht Mut.«

»Nehmen Sie Platz. Was haben Sie mir mitgebracht? Aber eigentlich ist das gar nicht so wichtig, erzählen Sie mir von sich.«

Und er erzählte. Frau Selz schaffte eine Wohlfühl-Atmosphäre, die Hemmungen abbaute. Plötzlich fiel es ihm gar nicht schwer, von seinem Kleinjungentraum als Koch zu reden.

»Ich bin sehr zuversichtlich, dass Sie es schaffen. Ich habe hier eine Anfrage für eine Küchenhilfe in einem Restaurant, das müsste genau das Richtige für Sie sein. Ich schätze Sie als Mann ein, der zupacken kann. Wir haben gleich einen Termin, natürlich nur, wenn Sie möchten.«

Er fühlte sich überrumpelt. Aber was für eine Frage! Natürlich wollte er.

Der Fußweg dauerte zehn Minuten. Sie betraten den Gastraum, und eine andere Dame begrüßte Frau Selz herzlich, bevor sie Gregor aufmerksam von Kopf bis Fuß betrachtete. »Scheint zu passen«, war ihr einziger Kommentar, und Gregor fühlte sich überflüssig und fehl am Platz. Plötzlich wandte sich die Frau an ihn.

»Mein Mann braucht dringend Hilfe. Ich hoffe sehr, Sie machen sich keine Illusionen, der Ton in der Küche ist rau, das ist kein Platz für mimosenhaftes Verhalten. Anpacken ist wichtig und natürlich Gehorsam. Ich habe mich entschieden, einen älteren Mann anzustellen, die Jugendlichen sind ja nicht mehr in der Lage, den Ansprüchen gerecht zu werden. Wenn Sie also kein Weichei sind, dann wird das klappen, und wer weiß, in ein paar Wochen dürfen Sie vielleicht auch mal an den Herd.«

Natürlich machte er sich keine Illusionen. Er hatte genug Berichte über das Personal in Großküchen gelesen – hart, aber herzlich. Auch in seinem alten Job war nicht alles Zuckerschlecken gewesen. Zu improvisieren, sich den Gegebenheiten anzupassen, hatte er dort gelernt. Aufmerksam zu sein, selbst auf Kleinigkeiten zu achten.

»Wenn Sie möchten, können Sie hierbleiben und reinschnuppern. Dann wissen wir, ob es passt.«

Frau Selz nickte ihm aufmunternd zu. »Wunderbar, wir sind uns einig.«

Schneller als erträumt stand er in einer professionellen Küche. Der Chef war nicht da, doch die Kollegen waren nett, sympathisch und nahmen seine Hilfe dankbar an. Er spülte, räumte auf, durfte auch mal Gemüse schnippeln. Mit Messern konnte er umgehen, seine Geschwindigkeit versetzte die Kollegen in Erstaunen.

»Bis morgen?«, fragte die Chefin; er gab ihr die Hand und bemerkte dabei die blauen Flecken an ihren Unterarmen.

»Herzlich gerne.« Sie waren sich einig.

Als er die Küche am nächsten Tag betrat, erwartete ihn ein völlig anderes Betriebsklima. Das Radio war aus, alle kümmerten sich akribisch um ihre Arbeiten, kein Lachen, keine Gespräche, nur ab und zu ein Flüstern. Bald wurde ihm auch der Grund klar.

Der Chef war da. Und entpuppte sich als Leuteschinder. Ein Choleriker. Einer, der die Töpfe vom Herd schmiss, wenn ihm der Inhalt nicht passte. Einer, der die Leute anschrie. Einer, der in seinen Handlungen unberechenbar war. Einer, der Angst und Schrecken verbreitete.

Am Schlimmsten traf es die junge Spülhilfe Angie. Mit eingezogenem Kopf stand sie am Spülbecken und zuckte bei jedem lauten Wort von ihm zusammen. Kam er in ihre Nähe, begannen ihre Hände zu zittern. Mit weit aufgerissenen Augen, stets gefüllt mit Tränen, erwartete sie ängstlich den nächsten Brüllalarm.

Mit zusammengekniffenen Augen und zurückgelehntem Oberkörper begutachtete der Chef, mindestens 130 Kilo schwer und ein Meter fünfundachtzig groß, ihn von oben bis unten. Gregor trat auf ihn zu. Der ignorierte die ausgestreckte Hand, nickte nur kaum merkbar mit dem Kopf. Gregor sah die Brutalität in seinen Augen und ließ das überhebliche Mustern über sich ergehen.

»Dann zeig mal, was du kannst. Heute steht eine Brezelsuppe als Vorspeise auf dem Speiseplan. Resteverwertung. Es sind von gestern noch zu viele da. Zur Information: hier wird nichts vergeudet, alles wird genutzt. Fang an.«

Gregor spürte, wie seine Wangen vor Aufregung glühten. Ihm wurde warm. Trotz der äußeren Zeichen agierte er gelassen. Sein alter Job kam ihm zugute. Selbst in den brenzligsten Situationen hatten ihn seine ruhigen Hände nicht im Stich gelassen. Routiniert schnitt er die Brezeln in gleich große Stücke, gab sie in eine Schüssel. Er schaute sich suchend um, fragte dann: »Brühe?«

»In der Dose. Gekörnte Brühe. Für anderes haben wir keine Zeit.«

Gregor verzog das Gesicht. Fertigprodukte waren unter seiner Würde. Dennoch verlor er kein Wort darüber, arbeitete konzentriert weiter. Er schüttete die Brühe über die Brezelstücke, ließ das Ganze ziehen. Hackte Schnittlauchröllchen, verquirlte Eigelb mit Sahne und rührte die Flüssigkeit langsam in die Brühe. Bevor der Pürierstab zum Einsatz kam, gab er noch einen Schuss Riesling in die Suppe und schmeckte mit Muskat ab.

»Kein schlechter Anfang«, brummte der Chef, als er probierte. »Schauen wir, was die nächsten Tage bringen.«

Sollte er sich freuen? Gregor fühlte sich hin und her gerissen. Sein Chef war ein Ekel, ihm machte das nichts aus, doch zu sehen, wie sehr Angie litt, tat ihm weh. Auch die dunklen Flecke an den Unterarmen der Chefin waren ihm nicht entgangen, am nächsten Tag kam ein blaues Auge hinzu. »Gestoßen«, war die lapidare Erklärung.

In den nächsten Tag half er, sooft er konnte. Er verteidigte Angie gegen den Chef. Half ihr, wenn sie unlösbare Aufgaben zu bewältigen hatte, und lächelte ihr immer wieder aufmunternd zu.

»Und wie gefällt Ihnen der Job?« Frau Selz hatte zum Gespräch geladen. Sie lächelte ihn an. »Der Chef ist ein schwieriger Mann, nicht war? Das Lokal gehört eigentlich seiner Frau, doch sie wird ihn nicht los, ist abhängig von ihm. Wenn er verschwinden würde, wäre natürlich die Stelle als Chefkoch frei.« Sie sah ihn seltsam an. Aufmunternd?

Sie sprach weiter, immer noch mit diesem seltsam anmutenden Blick. Er wusste, dass etwas Besonderes kommen würde, doch mit dem nächsten Satz hätte er nie gerechnet.

»Ich weiß, was Sie früher gemacht haben.«

Er erstarrte. Wie konnte das sein? »Ich war selbstständiger Handelsvertreter. Das ist kein Geheimnis.«

»Bei mir hieß es Consulting.«

Sie wusste es. Doch was bedeutete ihr letzter Satz? »Bei mir hieß es Consulting?« Es wurde immer mysteriöser.

»Meine Agentur habe ich noch nicht sehr lange. Ich wollte mich verändern, seriöser werden. In bestimmten Kreisen kennt man mich jedoch immer noch als *Lady Death*.«

Gregor verschluckte sich, schaute in ihr Gesicht. Sie sprach weiter, als informierte sie ihn über die Wetterprognose.

»Mein ärgster Mitspieler war *Der Wolf*. Etwas einfallsloser Name, jedoch nicht weniger erfolgreich. Als direkte Konkurrenten habe ich uns nie gesehen.«

Jetzt blieb ihm die Spucke weg.

»Gregor, dieser Mann muss weg. Niemand bezahlt uns dafür, aber das sind wir der Frau schuldig. Und du hättest den Job als Koch. Niemand wird ihn vermissen.«

Seine Gedanken fuhren Achterbahn. Er sah die blauen Flecken seiner Chefin, die Angst in Angies Augen – und nickte.

»Ich wusste, dass wir uns verstehen. Ich glaube, das wird der Beginn einer wunderbaren Freundschaft.« Jetzt lächelte sie verführerisch.

Sie war nicht sein Typ. Seine Sinne arbeiteten noch immer auf Hochtouren. Das, was sie ausstrahlte, gefiel ihm nicht. Er musste schauen, wie weit sie gehen würde. Ansonsten hatte sie recht, er war noch immer gut. Morgen müsste der Chef dran glauben, und wer weiß, irgendwann vielleicht sie?

Brezelsuppe

Für 4 Personen

Zutaten:
4 Laugenbrezeln
2 l Fleischbrühe
Sahne
Eigelb
Salz, Pfeffer, Muskat
Schnittlauch, fein geschnitten

Zubereitung:
Die Brezeln in kleine Stücke schneiden, mit der Fleischbrühe übergießen und eine Stunde einweichen lassen.
Anschließend alles zum Kochen bringen. Bei mittlerer
Hitze köcheln lassen, bis sich das Laugengebäck aufgelöst hat. Die Suppe mit dem Pürierstab pürieren und
aufkochen lassen.
Das Eigelb mit der Sahne verquirlen und in die Suppe
rühren. Mit Salz, Pfeffer und geriebenem Muskat abschmecken und zum Schluss die Schnittlauchröllchen
darüberstreuen.

RITA HAUSEN

Ochsenfetzen

Neustadt

Der Mann lag auf dem Rücken. Sein Körper wirkte ver-
renkt; die Glieder befanden sich in einer unnatürlichen
Stellung. Das Gesicht war verzerrt, der Mund stand
weit offen, die Augen blickten starr. Unter seinem Kopf,
an dem eine Stirnlampe befestigt war, breitete sich eine
Blutlache aus. Quer über ihm lag eine Holzleiter. Der
Mann trug eine Cordhose mit einem karierten Hemd,
war um die sechzig, grauhaarig und tot.

Felix Taufenbach, Musiklehrer am Käthe-Kollwitz-
Gymnasium, schlank, mit dunklen Haaren und Brille,
sah sofort, dass jede Hilfe zu spät käme. Er kramte sein
Handy aus der Hosentasche und rief die Polizei an.

Kommissar Steinbeißer beugte sich über die leblose
Gestalt, um sie genau in Augenschein zu nehmen, dann
überließ er sie dem Gerichtsmediziner. Die Routine
nahm ihren Lauf. Der Ort des Geschehens wurde ab-
gesperrt und die Leute von der KTU sicherten die Spuren. Kriminalassistent Obermaier betrachtete die Umgebung eingehend und sagte dann zu Steinbeißer: »Die
Leiter war offenbar dort oben angelehnt.« Er zeigte auf
ein großes Fenster des Schulgebäudes. Ein paar Meter
weiter lag ein Schraubenzieher.

»Die Frage ist, ob es ein Unfall war, oder ob jemand
nachgeholfen hat. Und vor allem: Gibt es einen Zu-
sammenhang mit dem Fall Ursula Herbst?«, sagte der
Kommissar und stemmte seine Hände in die Seite. Er
war fünfzig und ein engagierter Ermittler. Es gab nicht
viel, was seinen wachen grauen Augen entging. Viele

seiner Kollegen waren der Meinung, dass er genau den richtigen Namen hatte, denn er war bekannt dafür, dass er sich gerne in schwierige Fälle verbiss.

Ursula Herbst war am Vortag in derselben Schule in einer Toilette tot aufgefunden worden. Bei ihr hatte sich schnell herausgestellt, dass sie ermordet worden war. Als Steinbeißer mit seinem Assistenten die Wohnung von Frau Herbst durchsuchen wollten, stellten sie fest, dass ihnen schon jemand zuvorgekommen war. Sie hatten nichts von Belang gefunden, aber Hinweise, dass jemand dort aufgeräumt hatte. Das sollte ihnen nicht zweimal passieren. Sie eilten deshalb unverzüglich zur Wohnung von Hausmeister Langner.

Dort erwartete sie eine Überraschung. In einem Raum lagen auf dem Tisch Stapel von Fotos und jede Menge Alben. Auch die Wände waren mit großen Schwarz-Weiß-Aufnahmen bedeckt. Steinbeißer betrachtete sie prüfend. »Der Hausmeister war anscheinend ein Freund von Pärchen und wenig bis gar nicht bekleideten Damen.« Es fanden sich haufenweise Aufnahmen von Paaren in liebevollen Umarmungen oder intimen Situationen. Daneben viele Bilder nackter Damen. Obermaier meinte grinsend: »Ein ausgefuchster Voyeur. Der Kerl hat vermutlich eine Kamera in einer Damenumkleidekabine versteckt.«

Steinbeißer griff nach einem Abzug und zeigte ihn dem Assistenten. Sie sahen eine Fotografie des hüllenlos dargebotenen Körpers von Ursula Herbst. »Was hatte der Hausmeister denn mit dieser Herbst zu tun?«, entfuhr es Obermaier ratlos. Sie fanden auch Fotos in verschiedenen sorgfältig beschrifteten Kartons.

Sie nahmen alle Bilder mit aufs Präsidium, um sie eingehend zu sichten. Steinbeißer entdeckte im Kalender des Hausmeisters einen Eintrag: Beim vorausgegangenen Abend, an dem er zu Tode gekommen war, stand »LZ«.

Die KTU konnte keine Fingerabdrücke an der Leiter finden außer denen des Hausmeisters. Die Rechtsmediziner fanden 1,2 Promille im Blut der Leiche. Als Todeszeitpunkt gaben sie eine Spanne zwischen 22 und 24 Uhr an. Ursache des Ablebens: Schädel-Hirn-Trauma. Am Rahmen des Fensters, an das Langner die Leiter gestellt hatte, wurde eine kleine Kamera gefunden. Das Fenster gab Einblick ins Lehrerzimmer. Das erklärte, warum Langner so spät noch tätig gewesen war.

Steinbeißer kommentierte die Ergebnisse: »Er wollte heimlich spätabends eine Kamera installieren, die die Lehrer beobachten sollte. Dabei hat er aufgrund seines Alkoholkonsums das Gleichgewicht verloren und ist mitsamt der Leiter umgefallen. Dann hätten wir es also mit einem Unfall zu tun.«

Obermaier widersprach heftig: »Das würde ich vielleicht auch sagen, wenn nicht in der gleichen Schule am Tag zuvor eine Lehrerin ermordet worden wäre. Und wenn wir nicht diese kompromittierenden Fotos entdeckt hätten. Die Fälle hängen mit Sicherheit zusammen.«

Es half nichts, es musste eine großangelegte Befragung im KKG organisiert werden. Sämtliche Lehrer und auch einige Schüler sollten befragt werden.

Doch vorher wollte Steinbeißer herausfinden, wo Langner vor seinem Tod gewesen war. Taufenbach, der Lehrer, der den toten Hausmeister gefunden hatte, sagte ihnen, dass das Gerberhaus in der Hintergasse seines Wissens seine Stammkneipe gewesen war. Der Kommissar fuhr mit seinem Assistenten dorthin. Die Kneipe war ein stattliches Eckhaus aus dem 16. Jahrhundert und hatte ein nostalgisches Flair. Der alte Steinfußboden sowie Tische und Stühle aus massivem Holz strahlten eine Atmosphäre Pfälzer Gastlichkeit aus.

Der Wirt bestätigte ihnen, dass Langner am Vorabend da gewesen war.

»Der kam fast jeden Tag. Traf sich mit ein paar Kumpeln. Sie saßen an dem Tisch da hinten.« Der Wirt deutete vage in eine Richtung. »Er aß hier was und trank auch gerne ein paar Bier und ein paar Schnäpse. Gestern ist er verhältnismäßig früh gegangen.«

»Wann war das ungefähr?«, fragte Obermaier.

Der Wirt zuckte mit den Schultern und meinte: »Es war ziemlich voll. Ich hatte alle Hände voll zu tun und habe nicht genau darauf geachtet. Vermutlich war es noch vor zehn. Normalerweise sitzen die bis zwölf da hinten.«

Es war gerade Mittagszeit und Steinbeißer schlug vor, etwas zu essen. Er entschied sich für Ochsenfetzen mit Senfsoße und hausgemachten Spätzle, Obermeier bestellte Leberknödel, Sauerkraut und Holzofenbrot. Dazu tranken sie Hefeweizen. »Lecker«, murmelte der Kommissar, als er den ersten Bissen zu sich nahm. Obermaier war mit seinen Gedanken ganz bei dem Fall und meinte: »Die Zeitangabe des Wirts passt recht gut. Langner ist von hier aus zur Schule, um die Kamera zu installieren. Da können wir die Zeit seines Todes ziemlich genau eingrenzen.«

Steinbeißer nickte und trank einen kräftigen Schluck von seinem Hefeweizen. »Ich glaube, wir müssen erst einmal den Mord an Ursula Herbst aufklären. Ich hoffe, dass unsere Leute inzwischen die Mordwaffe gefunden haben. Mir graut vor diesem Befragungsmarathon in der Schule. Wenn wir die Waffe hätten und ein paar Fingerabdrücke, könnten wir uns das vielleicht sparen.« Seufzend bat er den Wirt um die Rechnung, und sie machten sich auf den Weg zum KKG.

»Diese Schule war bestimmt früher mal eine höhere Töchterschule«, bemerkte Obermaier ein wenig süffisant, als sie die Einfahrt erreicht hatten.

»Ja«, sagte Steinbeißer mit einem tadelnden Seitenblick, »das ist aber schon eine Weile her, ich glaube, seit den Siebzigerjahren gibt es auch Jungs. Allerdings kann die Schule auf eine lange Tradition zurückblicken und das Gebäude steht unter Denkmalschutz. Unsere Ministerpräsidentin ist übrigens hier zur Schule gegangen.«

»Die Malu Dreyer? Echt?«, gab Obermaier zurück.

Steinbeißers Handy dudelte und er nahm das Gespräch entgegen. »Aha«, sagte er und »Ach wirklich?«, bevor er das Gerät wieder ausschaltete. Triumphierend wandte er sich an seinen Assistenten und rief aus: »Sie haben das Mordwerkzeug gefunden! Es war eine Gymnastikkeule, die hinter einer Mülltonne lag. Das Blut stimmt mit dem der Toten überein. Aber jetzt kommt's: Es waren die Fingerabdrücke vom Hausmeister drauf.«

Obermaier starrte seinen Chef an. In seinem Kopf arbeitete es fieberhaft. »Es wäre eigentlich viel logischer, wenn Frau Herbst den Hausmeister umgebracht hätte. Denn vermutlich hat er sie doch mit irgendeinem kompromittierenden Foto erpresst.«

»Jaaa«, sagte Steinbeißer gedehnt, »vielleicht ist sie aber zum Gegenangriff übergegangen und hat dem Langner gedroht, ihn auffliegen zu lassen mit seinem Voyeurismus. Er hat bestimmt auch Schülerinnen der Schule heimlich fotografiert.«

»Jedenfalls können wir die Unfalltheorie fallen lassen. Nie und nimmer ist der Langner von allein mit der Leiter umgefallen.«

Zunächst einmal baten sie die Schulleiterin, Frau Kessler, zu einem Gespräch. Steinbeißer fragte sie rundheraus, ob sie etwas von dem befremdlichen Hobby des Hausmeisters gewusst habe.

»Es gab Gerüchte, denen ich aber nicht weiter nachgegangen bin.«

»Warum nicht?«, hakte Obermeier nach.

»Ich habe das nicht ernst genommen.«

»Wir vermuten, dass er auch Schülerinnen dieser Schule nackt fotografiert hat. Haben Sie in der Kartei Fotos ihrer Schülerinnen, dann könnten wir das abgleichen.«

Die Schulleiterin meinte: »Es wäre natürlich ein Skandal, wenn sich das als zutreffend herausstellte. Das könnte die gesamte Elternschaft auf die Barrikaden bringen. Nicht auszudenken.«

»Frau Kessler, der Mord an Frau Herbst ist aufgeklärt. Es sieht ganz so aus, als ob der Hausmeister sie getötet hat«, sagte Steinbeißer eindringlich.

»Oh, wie schrecklich«, rief die Schulleiterin aus.

Als Nächstes gingen die Kommissare daran, die Schülerinnenkartei mit den Nacktfotos zu vergleichen. Sie fanden heraus, dass etliche der hüllenlosen jungen Damen Schülerinnen der Schule waren, in der Mehrzahl natürlich minderjährig. Es war deutlich, dass die Fotos heimlich aufgenommen worden waren, vermutlich in Umkleidekabinen der Sporthalle und des Schwimmbads.

Ein Kollege von der KTU rauschte ins Büro der Kommissare und berichtete: »An der Kamera waren nur die Fingerabdrücke des Hausmeisters, aber an Fensterrahmen, Fensterbank und Griff haben wir weitere Fingerspuren entdeckt, die wir nicht zuordnen können. Nach dem Mord an Frau Herbst haben wir angefangen, die Fingerabdrücke der Lehrer abzunehmen. Wir sind noch nicht ganz durch damit.«

Nach einigen Stunden kam dann die große Überraschung: Die Fingerabdrücke gehörten zur Schulleiterin! Als Steinbeißer Frau Kessler mit diesem Ergebnis konfrontierte, konterte sie gelassen: »Na, das lässt sich ganz einfach erklären. Mag sein, dass ich das Fenster in den letzten Tagen einmal geöffnet habe, um zu lüften.

Sie glauben doch nicht ernsthaft, dass ich den Hausmeister von der Leiter geschubst habe.«

Bei der Befragung der Lehrer stellte sich nach und nach heraus, dass doch einige von den Machenschaften des Hausmeisters gehört hatten. Manche behaupteten, dass Ursula Herbst die Schulleitung ersucht hatte, den Hausmeister anzuzeigen.

»Immerhin können wir hier das Motiv erkennen, warum Langner Frau Herbst umgebracht hat. Aber wieso sagt die Schulleiterin, dass sie das Ganze nicht ernst genommen hat? Die lügt doch«, resümierte Steinbeißer.

Frau Kessler wurde erneut befragt.

»Ja, es ist richtig, dass Frau Herbst mich bat, die Polizei einzuschalten. Ich habe allerdings mit der Anzeige noch gewartet. Ich hatte Bedenken, dass eine Lawine losgetreten würde, die sich negativ auf das Image der Schule auswirken könnte. Was glauben Sie, wie die Eltern reagiert hätten! Ich befürchtete massenhafte Abmeldungen vom KKG. Ich wollte erst einmal mehr Klarheit erhalten. Als dann Ursula Herbst erschlagen wurde, habe ich einen Kollegen gebeten, den Hausmeister zu beobachten.«

»Wie hat denn der Herr Langner erfahren, dass Frau Herbst ihn anzeigen wollte?«, fragte Obermaier.

»Ich vermute, sie hat die Geduld verloren, als ich mit der Anzeige zögerte, und dem Hausmeister gedroht. Zutrauen würde ich es ihr. Sie hatte manchmal eine ziemlich kompromisslose Haltung.«

»Nun, in diesem Fall ist das ja verständlich. Sie wollte die Schülerinnen vor weiteren Übergriffen schützen«, wandte Steinbeißer ein.

»Sie können mir glauben, dass ich auch sehr aufgebracht war«, betonte Frau Kessler.

»Welchen Kollegen haben Sie mit der Beobachtung des Hausmeisters beauftragt?«, hakte Obermaier nach.

Es war deutlich, dass es der Schulleiterin unangenehm war, den Namen zu nennen. Doch Obermaier ließ nicht locker.

Inzwischen war es Abend geworden und der besagte Lehrer war nicht mehr im Schulhaus, also fuhren Steinbeißer und Obermeier zu dessen Wohnung. Seine Frau öffnete und zeigte ihnen den Weg zu seinem Arbeitszimmer. Ohne Umschweife konfrontierte Steinbeißer ihn mit ihrem Anliegen: »Herr Taufenbach, die Schulleiterin hat uns gesagt, dass Sie auf ihre Bitte hin den Hausmeister überwachen sollten. Wie haben Sie das angestellt?«

»Na, ich habe ihn einige Male heimlich beobachtet, zum Beispiel in der Turnhalle. Ich wusste auch, dass er häufig zu seinem Stammlokal ging. Da ich nicht so weit weg wohne, habe ich ihn am Dienstag abgepasst und bin ihm gefolgt. Als mir klar wurde, dass er den Weg zur Schule einschlug, habe ich Frau Kessler per Handy informiert.«

Steinbeißer und Obermeier sahen sich bedeutungsvoll an.

»Und dann?«, fragte Steinbeißer.

Taufenbach zuckte mit den Schultern. »Keine Ahnung. Ich bin nach Hause gegangen. Meine Frau kann bestätigen, dass ich etwa um halb zehn zu Hause war.«

»Warum haben Sie uns das nicht gleich gesagt?«

»Weil mich Frau Kessler darum gebeten hat.«

Als die Kommissare wieder in ihrem Auto saßen, stöhnte Obermaier: »Ein Pingpong-Spiel. Jetzt können wir uns die Schulleiterin nochmal vornehmen.«

Sie riefen bei ihr an und waren wenige Minuten bei ihr zu Hause, um sie erneut zu befragen. Konfrontiert mit der Aussage Taufenbachs, berichtete sie bereitwillig, was geschehen war.

»Ich fuhr zur Schule, um zu sehen, was Langner da noch zu tun hatte. Zuerst dachte ich: Vielleicht hatte er vergessen, die Alarmanlage einzuschalten. Normalerweise wird die schon etwa um 18 Uhr angestellt, aber wegen des Mordes an Frau Herbst war irgendwie alles durcheinander. Ich beobachtete dann, wie er die Leiter an ein Fenster zum Lehrerzimmer lehnte, hinaufstieg und am Fensterrahmen rumhantierte. Als ich sah, dass er dabei war, dort eine Kamera zu montieren, habe ich plötzlich eine Mordswut gekriegt. Ich ging ins Lehrerzimmer, um ihn zur Rede zu stellen.«

»Warum hat er die Kamera nicht von innen, vom Fenster aus montiert? So war das doch eher umständlich.«

Die Schulleiterin rieb sich mit den Fingern über die Stirn. »Vermutlich wegen der Alarmanlage. Aber die hätte er ja auch ausschalten können. Ich weiß es nicht.«

»Wie ging es dann weiter?«

»Voller Zorn öffnete ich das Fenster und schrie ihn an. Er fuhr heftig zusammen und da er gerade mit einem Schraubenzieher herumhantierte, verlor er das Gleichgewicht. Er sah mich fassungslos an und stürzte mit den Händen vergeblich Halt suchend mit einem lauten Schrei rückwärts von der Leiter. Die rutschte von der Wand und fiel hinterher.

Ich war sehr erschrocken, denn das hatte ich nicht beabsichtigt. Ich beugte mich aus dem Fenster und sah, dass er regungslos da unten lag. Ich rief Taufenbach an und bat ihn, in die Schule zu kommen, es sei etwas passiert. Ich zitterte am ganzen Körper und war nicht fähig, nach dem Hausmeister zu sehen. Als Taufenbach kam, erklärte ich ihm, was geschehen war. Er sah sich den noch immer reglos Daliegenden an, fühlte nach seinem Puls und konstatierte, dass er tot sei. Wir beschlossen, ihn einfach liegen zu lassen und erst am nächsten Morgen die Polizei zu alarmieren.«

Frau Kessler saß bleich in ihrem Sessel und war den Tränen nahe. Aber Steinbeißer hatte kein Mitleid für sie. »Sie dachten wohl, dass sich die Angelegenheit über Nacht von selbst erledigen würde und wir nicht rauskriegen, was wirklich passiert ist. In Ihrem Eifer, das Image der Schule zu retten, haben Sie Schritte unternommen, die an Selbstjustiz grenzen. Ich kann für Sie nur hoffen, dass Taufenbach ihre Aussage bestätigt. Sie haben uns beide belogen und damit unsere Ermittlungen behindert. Das wird ein Nachspiel haben!«

Steinbeißer verstand selbst nicht, warum er so wütend war. Immerhin war der Hausmeister an seinem Tod nicht ganz unschuldig. Außerdem war er ein schmieriger Voyeur und skrupelloser Mörder gewesen. Aber er konnte es einfach nicht ausstehen, wenn man ihn für blöd verkaufte.

Als sie das Haus von Frau Kessler verließen, sagte Steinbeißer zu Obermaier: »Ich könnte vor Wut einen Ochsen zerfetzen.«

»Ja, Chef. Lass uns ins Gerberhaus gehen. Ich habe so einen Hunger, ich könnte eine Badewanne voll Spätzle verdrücken, da kannscht die Ochsefetze neibreggle.«

Ochsenfetzen in Senfsoße

Für 4 Personen

Zutaten:
600 g Rindsfilet oder -lende
4 EL Senf
1 Zwiebel, in feine Streifen geschnitten
100 g Speck, in Streifen geschnitten
3 EL Öl zum Braten
300 ml Bratengrundsoße
150 ml Weißwein
100 g Champignons
etwas Zitronenabrieb
Butter
Salz, Pfeffer, Chili

Zubereitung:
Die Champignons in Scheiben schneiden. Das Fleisch in „Fetzen" – ungleich große Stücke – mundgerecht schneiden.
Die Ochsenfetzen würzen mit Salz, Pfeffer und Chili. In einer sehr heißen Pfanne in wenig Öl maximal eine Minute scharf braten, das Fleisch sofort aus der Pfanne nehmen. Speck- und Zwiebelstreifen in die Pfanne geben und mit einem Stück Butter anbraten, ablöschen mit Weißwein und auffüllen mit Bratensoße. Das Ganze sehr stark reduzieren, sodass etwa nur 200 ml Soße bleiben.
Gebratene Ochsenfetzen mit Münchner Senf vermengen und mit etwas Zitronenabrieb verfeinern. Das Fleisch zusammen mit den Champignons in die Soße einschwenken, nicht mehr kochen.
Zubereitungszeit etwa 40 Minuten.

CLAUDIA SCHMID

Alberts Lola

EDENKOBEN

Emil war wirklich ein Prachtstück, seine Farbe überaus hervorragend, die Form ausgezeichnet. Selbst an seiner Haltung gab es nichts zu bemängeln. Bei sämtlichen Leistungsschauen, an denen er bisher teilnahm, belegte er den ersten Platz. Es war Albert Leberhack natürlich klar, dass er damit Neider auf den Plan rief. Aber das ließ ihn ziemlich kalt. Denn neidisch waren doch nur die Verlierer, die ewigen Nörgler, die im Leben selbst nichts auf die Beine brachten. Erfolgreiche Menschen wie er selbst fanden keine Zeit für solch negative Gefühle.

Die letzten Jahre seines eigenen Berufslebens waren in der Vorfreude darauf verflogen, im Ruhestand noch mal etwas ganz Neues anzufangen. Als man ihm bei seiner Bank, die ihr Filialnetz ausdünnen wollte, nach all den Jahren eine Vorruhestandsregelung anbot, ergriff er die Chance sofort. Mit der Abfindung, die er zusätzlich erhielt, erwarb er das kleine Haus am Rande von Edenkoben.

Als dann vor wenigen Wochen eine attraktive junge Frau ins Nachbarhaus einzog, eröffnete sich für ihn eine völlig neue Perspektive. Das dachte er zumindest anfangs, denn die frühere Bewohnerin des Häuschens war verstorben und nun zog ihre Nichte ein. Albert war froh, dass die vorherige Besitzerin nicht mehr darin wohnte, denn die hatte ständig an ihm herumgenörgelt.

Dabei bestand sein Traum doch nur aus einem kleinen Stück Land und einem alten Lanz. Nun war er endlich Wirklichkeit geworden. Albert kaufte zwei Schweine, drei Schafe, einige Hühner und einen Hahn. Er versorgte sich weitestgehend selbst. Gemüse anzubauen hatte ihm seine Oma beigebracht, bei der er als Bub viel Zeit verbracht hatte.

Immer brachte sie Deftiges auf den Tisch. »Was ä richtiger Pälzer ist, der kann das ab«, hieß ihre Devise. Ein weiterer ihrer Merksätze lautete: »Mein Esse und die Palz, Gott erhalt's.« Als er einmal gegenüber seinen Eltern durchsetzte, die gesamten großen Ferien bei der Oma in der Nähe von Edenkoben zu verbringen, brach die Mutter am Ferienende bei seinem Anblick in Tränen aus. »Aber Bub! Wie siehst du denn aus?« Sie schalt ihre Schwiegermutter: »Er ist doch keines deiner Mastschweine!«

Die Oma hatte ihn in den sechs Wochen mit herzhaften pfälzischen Leckereien vollgestopft und nun, zur Begrüßung seiner Eltern, steckte er auch noch in einer Tracht ihrer Tanzgruppe, für die sie die Bewirtung übernahm.

Ein halbes Jahr hatte die Mutter gebraucht, bis sie sein Gewicht wieder ihrer Meinung nach auf Idealmaß gebracht hatte. Seither reagierte er überempfindlich darauf, wenn Frauen ihm irgendetwas vorschreiben wollten, standen doch in jener Zeit, an die er sich nur äußerst ungern erinnerte, sämtliche pfälzischen Leckereien auf der roten Liste der Mutter.

Seine Idylle hier war beinahe perfekt. Überfiel ihn die Sehnsucht nach städtischem Flair, unternahm er einen Ausflug nach Landau oder Neustadt. Auch nach Karlsruhe war es nicht weit. Aber allzu oft tat er dies nicht, denn er war zufrieden, wenn er vor seinem Häuschen saß und Emil um ihn herum war. Denn Emil durfte sich frei bewegen. Das störte auch keinen. Zumindest hatte sich noch niemand bei ihm beschwert. So lange, bis die neue hübsche Nachbarin einzog. Von Anfang an regte sich Angela Teckel über Emil auf. Das war wirklich schade, denn diese Angela war eine Augenweide. Albert wäre es weitaus lieber gewesen, sie hätte sich mit einem Glas Wein für einen Plausch zu ihm auf die Hausbank gesetzt.

Emil war ein Brahma. Wenn er sich zur vollen Höhe reckte, reichte er einem ausgewachsenen Kerl bis übers Knie. Seine Läufe waren befiedert, insgesamt war er eine imposante, vor Kraft strotzende Erscheinung. Die ganze Umgebung war sein Refugium. Jeder kannte ihn, sogar der Hund des nahen Gutshofes respektierte ihn. Mit so einem Gockel war nicht zu spaßen, der hatte einen kräftigen Schnabel und war ziemlich gelenkig und flink obendrein.

Aber Angela mochte Emil nicht leiden. Es störe sie, wenn sie auf ihrer Sonnenliege ruhe und Emil auf ihr Grundstück komme. Ihre Katze habe Angst vor Emil. Katzen! Albert konnte sie nicht ausstehen. Diese schmeichlerischen Lebewesen, die einem um die Beine strichen, damit man ihnen den Kühlschrank öffnete, und die dann mit ausgefahrenen Krallen Hiebe austeilten, sobald sie genug gefressen hatten. Er gab der neuen Nachbarin den Rat, ihre Katze im Haus zu halten. Denn in fremde Häuser gehe Emil nicht. Dann habe sie doch ihre Ruhe. Da aber fuhr Angela ihre Krallen aus. Sie fauchte ihn an: »Das ist mein Grundstück! Dein Gockel hat da nichts zu suchen! Das hast du mit meiner Tante machen können. Aber mich kannst du nicht schikanieren! Meine Tante hat sich oft bei mir beschwert, wenn wir telefonierten.«

Als sie herausfand, dass Albert die Schweine und die Schafe nur deshalb hielt, um sie, wenn ihre Zeit gekommen war, zum Schlachter zu bringen, und sie dann bei ihm erst in der Kühltruhe und dann auf dem Tisch landeten, war es mit dem nachbarlichen Frieden endgültig vorbei. Denn Angela war Vegetarierin, eine von der Sorte, die nicht hinnehmen wollte, dass andere Menschen Fleisch aßen. Doch an Albert biss sie sich ihre Zähne aus, der ließ sich nicht von ihr missionieren. Ganz am Anfang hatte sie ihn sogar einmal eingeladen und einen Gemüseauflauf gebacken. Doch Albert war der Einladung erst gar nicht gefolgt. Eigentlich wäre er ganz gerne bei ihr auf der Terrasse gesessen, aber die Loyalität gegenüber Emil verbot es ihm. Auch wenn diese Angela eigentlich ein tüchtiges Weib war. Sogar das Holz für ihren Kaminofen hackte sie selbst. Und wenn sie ihr Küchenfenster öffnete, entströmte dem ein leckerer Geruch. Er musste zugeben, dass ihre Gemüseaufläufe verlockend rochen.

Aber wenn die sich daran störte, dass sein Emil auf ihrem Grundstück herumpickte und es angeblich verkackte, dann sollte sie sich doch gefälligst einen Zaun drum herum bauen. Der müsste dann allerdings ganz schön hoch sein, weil Emil nämlich ein geschickter Hüpfer war.

Niemand sonst störte sich an Emil. Albert saß nämlich im Vorstand eines der örtlichen Vereine und übte dort die von den anderen ungeliebten Tätigkeiten des Kassenwarts und Vereinsprotokollanten überaus zuverlässig aus. Auf so einen ließ man natürlich nichts kommen, und so stieß Angela mit ihren Beschwerden beim Ortsvorstand auf Granit, obwohl in der Pfalz eher weicherer Sandstein abgebaut wurde.

Irgendetwas schien diese neue Nachbarin an Albert nicht zu mögen, das spürte er. Was hatte sie denn bloß gegen ihn? Mochte ja sein, dass er mit ihrer Tante zu deren Lebzeiten oft gestritten hatte, aber was hatte das denn mit ihr zu tun? Ständig fand sie etwas Neues, worüber sie sich aufregte. Angeblich lag jetzt auch noch sein Komposthaufen zu nah an ihrem Grundstück.

»Du bist genau so eine Zicke, wie deine Tante war!«, schleuderte Albert ihr entgegen.

»Lass gefälligst meine Tante aus dem Spiel!«

»Ach, weil sie erst vor kurzem erstickt ist?«

»Wie pietätlos du bist, pfui Deibel.«

»Aber sie war nicht so, gell? Das meinst aber auch nur du! Du hast ja keine Ahnung davon, was die mir immer an den Kopf geworfen hat.«

»Hör sofort auf damit! Meine Tante war eine gute Frau.«

»Gewimmert hat sie, dass ich ihr das Spray hole ...«

Angela riss ihre Augen kreisrund auf. »Was hast du da eben gesagt?« Ihre Tante war nach einem Asthmaanfall gestorben, das hatte der Hausarzt als Ursache in den Totenschein eingetragen. War Albert dabei gewesen? »Hast du mit ihr gestritten? Und hat sie sich darüber so sehr aufgeregt, dass sie einen Anfall bekam?« Sie trat ganz nahe zu ihm heran. »Bist du schuld an ihrem Tod?«

Albert wich einen Schritt zurück. »Bist du bekloppt? Ich habe ihr doch nichts getan!«

Albert hatte überhaupt keine Zeit für einen Streit mit Angela, denn er war mit etwas anderem beschäftigt, das seine gesamte Aufmerksamkeit erforderte. In zwei Wochen war wieder eine Geflügelschau und Albert hatte vor, mit Emil dort zum wiederholten Male den ersten Platz zu holen. 99 von 100 möglichen Punkten hatten sie dort beim letzten Mal gemacht. Dieses Mal wollte er endlich die volle Punktezahl für seinen Gockel. Seit Wochen schon bereitete er Emil auf die Schau vor. Er bekam eine ganz spezielle Futtermischung, die er persönlich für ihn zusammenstellte. Emil zählte jetzt sieben Lenze und hatte damit noch nicht einmal die Hälfte seiner natürlichen Lebenserwartung hinter sich gebracht. Er befand sich also auf dem Höhepunkt seiner Jahre. Albert ließ ihn, so kurz vor der anstehenden Leistungsschau, nur ungern allein umherstreifen. Am liebsten hätte er ihn eingesperrt. Aber das ging nicht. Emil würde gegen das Gitter springen und sich womöglich seine Federpracht, die sich ebenfalls auf dem Zenit ihrer Schönheit befand, dadurch ruinieren. Es half nichts, Albrecht musste Emil seinen gewohnten Freilauf gewähren und darauf hoffen, dass alles gut ging.

Nachts nahm er Emil ins Haus. Aber gegen fünf Uhr, wenn er mit dem Krähen begann, musste Albert ihn ins Freie lassen, da war er durch nichts mehr davon abzuhalten. Mit hochgerecktem Kopf, auf dem sein Kamm bei jedem Schrei erzitterte, stolzierte Emil dann über den Hof und nahm jeden Morgen aufs Neue Besitz von ihm. Albert legte sich meist wieder hin. So auch an jenem Morgen, als das unvorstellbar Entsetzliche passierte.

Albert trat, in seinen karierten Frottee-Bademantel gehüllt, vor die Haustür, um nach Emil zu sehen. Denn bevor er seine Kaffeetasse füllte, warf er seinem Liebling stets eine Extra-Portion Körner in den Hof.

Er sah es sofort, noch bevor er den ersten Schritt hinaus gemacht hatte. Er glaubte, seine Sinne verlieren zu müssen. Alles um ihn herum drehte sich und er musste sich zitternd an der Hausmauer abstützen. »Emil«, hauchte er.

Emil lag in der Einfahrt zu seinem Hof. Matt hingen seine einst so prächtigen Federn herab. Emil war tot. Er hatte viel Blut verloren, denn sein Kopf fehlte. Sauber durchtrennt, wie Albert feststellte, als er nach einer Weile endlich in der Lage war, einen Fuß vor den anderen zu setzen und sich dem Leblosen zu nähern. Albert spürte einen stechenden Schmerz in der Brust. Am liebsten hätte er laut geschrien. Er sank in die Knie und berührte mit großer Sanftheit den toten Körper seines einstigen Prachtkerls. Als er sich endlich von ihm loszureißen vermochte und auf sein Haus zutorkelte, sah er noch etwas.

Emils Kopf haftete an seiner Haustür. Jemand hatte einen langen Zimmerernagel durch den Kamm des Hahnes geschlagen. Das Auge war gebrochen, der Schnabel geöffnet. Wie zu einem letzten ungehörten Schrei.

Albert war ziemlich elend zumute. Doch da war niemand, mit dem er seinen tief empfundenen Schmerz hätte teilen können.

»Wo ist denn dein Hahn?«, fragte Angela am nächsten Abend, als sie an seinem Haus vorbeiging. »Ich habe ihn heute noch gar nicht krähen hören.«

Nun kamen die Tränen. Unaufhaltsam sprudelten sie und rannen Alberts Wangen hinunter. Stockend erzählte er ihr von dem Mord an Emil.

Angela legte ihre Hand auf seinen Arm. »Ach, du Armer. Das tut mir wirklich leid. Du hast doch so sehr an ihm gehangen.«

Albert wischte mit seinem Jackenärmel sein Gesicht sauber. »Du hast ihn ja auch gekannt«, er stockte. Angela hatte Emil zwar nicht gemocht, aber nun zeigte sie Anteilnahme. Das war hochanständig von ihr. War sie nicht erst neulich ziemlich wütend auf ihn gewesen? Offenbar hatte sie es sich anders überlegt.

»Es ist ein großer Verlust für dich, nicht wahr?« Forschend sah sie ihn an.

Was die für Augen hatte! Da hätte man schon mal schwach werden können. Auch noch in Alberts Alter.

»Wer tut dir denn so was Gemeines an? Und das arme Tier!« Sie strich ihm über den Arm. »Weißt du was? Ich koche was Leckeres für dich. Ich habe neulich um Schloss Villa Ludwigshöhe herum im Wald Esskastanien gesammelt.«

Albert musste sofort an seine Oma denken. Die hatte auch so gerne Kastanien zubereitet. Hatten die beiden Frauen am Ende noch mehr Gemeinsamkeiten? Seine Oma hatte ihm auch erzählt, dass die Villa von einem richtigen König erbaut worden war. Ludwig I. von Bayern hatte hier nämlich mitten im Kastanienwald seinen Sommersitz gewählt. Es war zwar kein Neuschwanstein, das er den Pfälzern bei Edenkoben hingestellt hatte, aber immerhin eine repräsentative, weithin sichtbare Villa. Abdanken hatte dieser Ludwig dann müssen, aber nicht wie sein Nachfolger wegen Verschwendungssucht, sondern wegen seiner Affäre zu der Tänzerin Lola Montez. Hatten die nicht einen ähnlichen Altersunterschied gehabt wie Angela und Albert?

Er lächelte. Da hatten sie sich die ganze Zeit über gezankt und nun stellte sich heraus, dass die Nachbarin eigentlich ganz nett war. Wie man sich doch in seinen Mitmenschen täuschen konnte. Hatte Angela nun also doch ihren Frieden mit ihm geschlossen. Es war ja auch viel angenehmer, wenn man sich mit seinen Nachbarn vertrug. Von seiner Seite aus hätte mit Angela ruhig mehr daraus werden können. Für den Tod ihrer Tante konnte er doch wirklich nichts! Gut, er hätte ihr das Asthmaspray aus dem Haus holen können, als sie sich an der Grundstücksgrenze mal wieder heftig gestritten hatten. Aber was konnte er denn dafür, dass sie es nicht in ihrer Schürzentasche stecken hatte? Das war nun wirklich nicht seine Schuld!

Als er noch vor Einbruch der Dunkelheit zu Angela hinüberging, erwartete sie ihn schon hinterm Haus auf ihrer Terrasse. Der Altweibersommer brachte warme Tage und milde Abende in die Pfalz, man konnte noch gut draußen sitzen. Auf dem Tisch standen eine offene Flasche Wein und zwei Gläser. Im Vorbeigehen sah er, dass sie wohl Holz gehackt hatte, denn das Beil lag auf dem Holzbock neben der Terrasse.

»Soll ich dir auch was einschenken?«, fragte Angela zur Begrüßung.

»Könnte schon einen gebrauchen.«

Angela tischte die duftenden Kastanien auf und stellte eine leckere Käsesoße hinzu. Nebst einer randvoll mit Kartoffelklößen gefüllten Schüssel. Daran könnte ich mich gewöhnen, dachte Albert. »Ein Pälzer muss gut esse.«

Angela lachte auf. »Wo hast du denn diesen Spruch her?«

»Das hat meine Oma immer gesagt.«

»Was? Meine auch! Und dann hat sie immer hinzugefügt, ein Mann ohne Bauch sei gar kein rechter Mann.«

Der Abend beginnt, interessant zu werden, dachte Albert, der einen beträchtlichen Ranzen vor sich her schob. Er nahm einen kräftigen Zug von dem Wein. Angela schien ihm plötzlich richtig sympathisch zu sein. Warum nur war ihm das vorher noch nie aufgefallen?

Angela füllte sein Glas fleißig nach, während sie selbst am Wein lediglich zu nippen schien.

Himmlisch! Albert ging es blendend. Wie weggewischt war die Trauer um Emil. Diese Angela war ein regelrechtes Prachtweib! Wieso merkte er das erst jetzt? Längst der Vergangenheit zugeordnete Empfindungen überfielen ihn.

»Peng, jetzt wird's eng!« Albert öffnete den Knopf seiner braunen Breitcordhose. So viel hatte er schon lange nicht mehr gegessen. Welche Überraschungen der Abend wohl noch für ihn bereithielt?

»Was war das denn?« Angela rümpfte die Nase. Stießen Alberts Darmbakterien Brunftschreie aus?

Albert goss sich noch ein Glas Wein ein. Plötzlich spürte er einen unbezwingbaren Drang, sich zu erleichtern.

»Angela«, begann er, »wo ist denn bei dir das Klo?« Als sie in Richtung Haus deutete, besann er sich aber eines Besseren. »Ach, weißt du was, ich geh grad da drüben hinter den Busch. Und danach machen wir es uns so richtig gemütlich, wir beide.« Er streichelte über ihre Wange.

Angela kniff ein wenig die Augen zusammen, wich aber unter seiner Berührung nicht zurück. Sie war so nah an ihrem Ziel!

Beschwingt nahm Albert die wenigen Stufen von der Terrasse in den Garten und verschwand hinter den Büschen.

»Jetzt plätschert der auch noch in meine Büsche. Er hat es wirklich nicht anders verdient«, murmelte Angela vor sich hin. Sie hatte mit großer Zuneigung an ihrer Tante gehangen und kam nur schwer über die Umstände hinweg, die zu ihrem Tod führten. Die beiden hatten schon gemeinsam eine Schifffahrtsreise geplant, zu der es dann nicht mehr gekommen war. Ihren Nachbarn Albert, den sie schuldig an ihrem Tod wähnte, ständig sehen zu müssen, war zu viel für die trauernde Nichte.

Angela hatte vorhin die Schrauben für das Brett auf der obersten Stufe schon gelockert, schraubte sie nun mit geübten Fingern vollends heraus und entfernte das Brett. Kaum war sie fertig und saß wieder, kam Albert zurück.

Er war ziemlich unsicher auf den Beinen. »Jetzt gehen wir zum gemütlichen Teil über«, lallte er. »Gehen wir zu dir oder zu mir?« Er strahlte sie mit verschwitztem Gesicht an. Der Alkohol hatte seine großporige Nase rot gefärbt und die Äderchen auf seinen Wangen sichtbar gemacht.

»Natürlich zu mir. Komm auf die Terrasse.«

Welch verlockende Einladung! Albert verdrängte endgültig jeglichen Gedanken an Emil, als er auf die Stufen zuwankte.

»Sei nur vorsichtig! Schön langsam! Nimm eine nach der anderen.«

Albert stapfte auf die unterste Stufe. »Schön eine nach der anderen, gell?« Als sein Fuß die letzte Stufe suchte und verfehlte, stürzte er. Angela sprang behände auf und versetzte ihm einen Schubs, damit er nach hinten fiel.

Verwundert riss Albert die Augen auf. Doch gleich darauf war ein leichtes Knacken zu hören. Mit seltsam verrenktem Kopf lag er da und blickte ins Leere.

Angela legte das Brett wieder an seinen Platz und verschraubte es geschickt. Dann stellte sie das benutzte Geschirr in die Spülmaschine und schaltete sie ein.

Sie begab sich in ihr Bett. Morgen früh würde sie völlig überrascht Albert finden und selbstverständlich sofort die Polizei alarmieren.

Kastanien mit Beilage

Zutaten:
Esskastanien nach Belieben
etwas Butter
1 Päckchen Kartoffelklöße
1/8 l Milch
50 g Gorgonzola

Zubereitung:
Den gesäuberten Kastanien mit einem scharfen Messer einen Ritz verpassen, anschließend nebeneinanderliegend auf einem Backblech verteilen. Bei 180 Grad Umluft anrösten, mit geschmolzener Butter leicht beträufeln und dann nochmals etwa 13 Minuten bei derselben Temperatur rösten. Die Kastanien sind fertig, wenn sich die Schale sehr leicht lösen lässt.
Dazu Kartoffelklöße und Käsesoße servieren, wobei die Soße mit etwas Milch und geschmolzenem herzhaftem Gorgonzola – im Topf kurz erhitzt – zubereitet wird.

LILO BEIL

Zuckerbrot

Dorf bei Weinheim / Bad Bergzabern

Angelika räumte die Weihnachtsdekoration ab: Die
Engelchen aus dem Erzgebirge mit den grün-weiß ge-
punkteten Flügeln, die Räuchermännchen und die
Weihnachtspyramide. Strohsterne, Kugeln, Kerzen und
Lichterketten verschwanden wieder in den Kartons und
wurden auf den Speicher gebracht, wo sie überwintern,
oder besser, übersommern konnten.

Apropos Winter: Die Weihnacht 2015 hatte eher
einem Osterfest geglichen, die frühlingshaften Temperaturen hatten eigentlich keine rechte Weihnachtsstim-
mung aufkommen lassen. Am 2. Weihnachtstag waren
die Menschen in T-Shirts zum Eisessen spaziert. Wer
bisher nicht an den Klimawandel geglaubt hatte, tat es
nach diesen milden Festtagen.

Schade, dachte Angelika.

Sie war eine unverbesserliche Romantikerin, und
sie mochte Weihnachten auf fast kindliche Weise. Die
Sehnsucht nach einer *White Christmas* konnte ihr sogar das gleichnamige amerikanische Kitschlied nicht
nehmen.

Angelika nahm den letzten Schmuck vom Tannenbaum: einen gläsernen Vogel mit wippendem Schweif,
einen kleinen bunten Holzschlitten und zuletzt einen
vergoldeten Zuckerkringel, alles noch aus dem Bestand
von Kindertagen. Die Strahlen der Januarsonne verfin-
gen sich im Gold des Kringels.

Zuckerbrot, dachte Angelika.

Die Theres hatte den Kringel gebacken damals. Mit Goldlack überzogen, hatte er sich gut erhalten über all die vielen Jahre.

Sie erinnerte sich noch genau daran, wie sie ihr, dem »Dienstmädchen« ihrer Eltern, zugesehen und einmal heimlich von dem Teig genascht hatte. Theres hatte gutmütig gelacht wie immer, wenn Angelika ihr einen Streich gespielt hatte.

Die Theres, überlegte Angelika, ist nun bestimmt schon 80 Jahre alt oder mehr. Das junge hübsche Dienstmädchen Thérèse Disqué stand auf einmal ganz plastisch vor Angelikas Augen.

Sie stammte aus dem Elsass und war ins Pfarrhaus gekommen, um in der kinderreichen Pfarrersfamilie im südpfälzischen Dorf zu arbeiten. Die Theres, wie alle sie bald genannt hatten, war Kindermädchen und Köchin gewesen. Zum Putzen hatte es in dem feudalen Pfarrershaushalt der 50er-Jahre noch eine andere junge Frau gegeben, die Thekla, die stundenweise aushalf. Sie hatte im Dorf gewohnt und nicht, wie die Theres, im Pfarrhaus, wo diese ein gemütliches nettes Mansardenzimmer ihr Eigen genannt hatte.

Alles schon so lange her, dachte Angelika. Beim Gedanken an Theklas plötzlichen Tod bekam Angelika eine Gänsehaut.

Das Telefon klingelte.

Zuerst erkannte Angelika die Stimme nicht, die da zu ihr sprach. Die Stimme einer älteren Frau. Dann rief sie erstaunt aus: »Thérèse? Die Theres? Das gibt es nicht!«

»Ja, die Theres, und ich möchte gerne vorbeikommen, wenn das geht. Ich bin zu Besuch bei meiner Enkelin, und ich könnte auf einen Sprung bei dir reinschauen.« Es war der gleiche liebe Klang wie damals, nur eben die brüchige Stimme einer alten Frau.

»Ich hab im Telefonbuch deinen Namen entdeckt, und da dachte ich ...«

»Aber gerne«, rief Angelika erfreut aus. »Wie kommst du her?«

»Meine Enkelin kann mich fahren. Sie wohnt in Weinheim, das ist nur ein Katzensprung in dein Dorf.«

Sie hatten sich gänzlich aus den Augen verloren, wie das im Leben halt so ist.

Thérèse hatte damals nach Theklas Tod bald gekündigt, war nach Ludwigshafen gezogen. »In der Fabrik verdien ich mehr.« Dieses Argument war unschlagbar gewesen und hatte der Pfarrersfamilie als Erklärung gereicht.

Angelika war damals noch ein Kind gewesen, und selbst als sie Jahre später durch Zufall ein merkwürdiges Gespräch ihrer Eltern mitbekommen hatte, die von »Zweifeln« am Kündigungsmotiv der Theres sprachen, hatte sie nicht näher darüber nachgedacht. Andere Probleme, eigene Sorgen hatten ihre Neugierde verdrängt, sich tiefere Gedanken über die Theres zu machen, die eben nicht mehr als Dienstmädchen arbeiten, sondern mehr hatte verdienen wollen. Vorbei ist vorbei, hatte sie gedacht, was geht mich das alles an? Schnee von gestern.

Schnee von gestern, tatsächlich, dachte sie. Ihre Gedanken gingen zurück zu Weihnachten: Früher war mehr Lametta, früher war aber auch mehr Schnee. Mit diesen nostalgischen Gedanken räumte sie den allerletzten Schmuck weg. Die Baumspitze in Form eines Christkindchens im grünlichen gefalteten Papierkleid mit goldenen Flügeln und hübschem Wachsgesicht verschwand, sorgfältig in Seidenpapier verpackt, im kleinen Karton.

Angelika räumte den Schmuck weg und saugte die Tannennadeln vom Teppich auf. Sie ging ins Bad und machte sich adrett für die Besucherin. Zurück im Wohnzimmer, schaute sie den leeren Baum wehmütig an.

Schade. Es war dieses Jahr ein besonders hübscher, besonders gerade gewachsener Baum gewesen mit dichten Ästen. Da entdeckte sie an einem Zweig noch den vergoldeten Zuckerkringel. Den lasse ich für die Theres hängen, als Überraschung, dachte sie. Das ist doch ein nostalgischer Pfiff und sozusagen die symbolische Verbindung zwischen damals und heute.

Es klingelte an der Haustür. Zwei Frauen standen vor Angelika.

Die Theres und eine unbekannte alte Frau, schoss es Angelika im ersten Moment durch den Kopf. Aber nein, blitzschnell korrigierte sie ihre abstrusen Gedanken. Die alte Frau war die Theres, die junge, die Angelika für die Theres gehalten hatte, war die Enkelin: ihrer Großmutter wie aus dem Gesicht geschnitten.

Eine dunkelhaarige Schönheit wie die Theres damals, als sie bei uns im Haushalt gearbeitet hat, dachte sie.

»Die Anna sieht aus wie ich früher, stimmt's?« sagte die alte Frau. Angelika fiel ihr um den Hals, wortlos, drückte sie fest an sich.

Die Enkelin Anna wollte nicht mit ins Haus kommen. »Ihr habt bestimmt so viel von früher zu erzählen. Ich muss eh noch Einkäufe machen. Ich komme in zwei Stunden wieder, ist das in Ordnung?«

Bei Kaffee und Stollengebäck wurde viel über vergangene Zeiten geredet. Vor allem über das Pfarrersehepaar, Angelikas Eltern, die schon lange tot waren, auch über die Lebenswege der Geschwister.

»Das ist leider gekaufter Stollen«, entschuldigte sich Angelika. »Ach, dein Stollen damals, vor allem dein

Weihnachtsgebäck, die *Butterbredle* – sowas Gutes hab ich seither nie mehr gegessen.« In Gedanken versunken und als hätte sie den Geschmack noch auf der Zunge, fügte sie leise hinzu: »Dein Zuckerbrot, ja ...«

Die Theres verschluckte sich bei diesen Worten Angelikas fast an ihrem Kaffee. Sie war auf einmal blass geworden. War ihr das Kompliment peinlich? Sie schaute plötzlich irgendwie verängstigt aus. Ihr Blick ging zu dem verloren an einer roten Schleife hängenden goldenen Zuckerkringel am leer geräumten Tannenbaum.

Die nostalgische Überraschung war wohl nicht so gut gelungen, denn die Theres war beim Anblick des *Zuckerbrots*, wie man in der Südpfalz das Weihnachtsgebäck generell nannte, noch blasser geworden. Angelika eilte besorgt zu ihr hin, fragte, ob ihr nicht gut sei.

Doch die Theres wehrte ab und sagte ruhig: »Früher oder später kommt doch alles raus. Man kann sich nicht auf ewig aus der Verantwortung stehlen. Ich glaube, Angelika, ich bin dir eine Erklärung schuldig. Von damals. Die Sache mit Thekla. Und mit Walter. Und mit mir.«

Das war es, dachte Angelika. Das waren die Zweifel, von denen die Eltern damals im Flüsterton gesprochen hatten. Das war das Geheimnis. Andeutungen, heimliche Blicke und abgebrochene Sätze, wenn die kleine Angelika ins Zimmer kam, in dem die Großen saßen und hinter vorgehaltener Hand redeten.

Walter, ach ja, das war doch der große blonde Nachbar, den sie, die kleine Angelika, auf der Kerwe mit der Theres hatte tanzen sehen, der um sie herumschlich, wenn sie im Garten arbeitete, der ihr einmal einen Blumenstrauß über die Mauer hinweg reichte. Irgendwann hieß es, der Walter und die Theres seien so gut wie verlobt.

Dann, so etwa drei Wochen vor Weihnachten, stand der Walter mit seinem Pferdeschlitten vorm Pfarrhaus, um die Pfarrerskinder mitsamt Hund Ajax zu einer Schlittenfahrt über die verschneiten Felder mitzunehmen. Die Glöckchen, die am Pferdekummet angebracht waren, klingelten lustig, fast schon so ein Vorgefühl auf das Bescherungsklingeln an Heiligabend.

Auf einmal, so erinnerte sich Angelika nun, als sie mithilfe des jungen Nachbarn gerade in den mit warmen Wolldecken ausstaffierten Pferdeschlitten steigen wollte, war das Gesicht der Theres hinterm dunkelblauen Samtvorhang vom Wohnzimmer erschienen. Die kleine Angelika hatte den kurzen Blick erhascht, den Walter in Richtung Pfarrhaus warf. Es war ein ganz anderer Blick als der im Oktober bei der Kerwe.

Auch die Theres schaute nicht mehr wie auf dem Tanzboden zu dem jungen Mann hin. In ihren Augen funkelte etwas, das die kleine Angelika damals nicht deuten konnte. Aber Verliebtheit war es nicht, soviel ahnte das Kind. So schaute die Theres ganz selten, zum Beispiel wenn sie sich sehr ärgerte über etwas.

Kurz danach begegnete der Pferdeschlitten der Thekla, die gerade vom Brotholen beim Zimmer-Bäcker kam, einen großen Korb unterm Arm. Walter brachte die zwei Braunen neben der Thekla, die ganz rot wurde, zum Stehen.

Sie strich sich die dunkelroten Locken zurecht, die unter dem Kopftuch vorschauten. Thekla war ein schönes Mädchen, aber auf andere Art als die schwarze Theres. Walter und Thekla schäkerten eine Weile, und die Kinder im Schlitten begannen zu frieren. Sie hüllten sich tiefer in die karierten Wolldecken ein, schlugen die Handschuhe gegeneinander, um die kalten Finger zu wärmen.

»Komm jetzt, Walter,« sagte der 15-jährige Clemens, der Älteste der Pfarrersbuben. »Oder ich sag's der Theres.«

Das wirkte, denn Thekla und Walter fuhren erschrocken auseinander.

»Das hab ich nur aus Spaß gesagt«, sagte Clemens und grinste dabei frech. »Ich verpetze keinen.«

Die Kinder im Schlitten jauchzten vor Freude, als es hinunter zur Mühle und über die verschneiten Felder unten im Bruch und zum Mühlhofer Wäldchen hin ging. Und alle waren etwas traurig, als bei herannahender Dunkelheit der Walter den Schlitten zurück in Richtung Dorf lenkte.

Angelika erinnerte sich an das nach Weihnachtsplätzchen duftende Haus, als sie und ihre Geschwister mit blaugefrorenen Nasen, aber überglücklich vom jungen Nachbarn abgeliefert worden waren.

Die Theres stand in der Haustür. In der Hand hielt sie eine kleine Schüssel, die sie zu Walters Pferdeschlitten trug.

»Hier«, sagte sie zu Walter, der sich anschickte wegzufahren. »Das hab ich extra für dich gebacken.« Sie reichte ihm das Schälchen, in dem mehrere mit rosa Zuckerguss überzogene Plätzchen in Herzform lagen. »Mit Liebe gebacken«, sagte sie ganz ruhig und lächelte dabei sogar ein wenig. Das andere Gesicht hinterm blauen Samtvorhang war vergessen. »Mein Lieblingsrezept«, sagte sie noch. »Butterbredle.«

Walter stand stocksteif da, nahm zögerlich das Schälchen, murmelte etwas, das wie »wäre doch nicht nötig gewesen« klang, gab den Braunen die Zügel und war schon um die Ecke verschwunden.

Die Theres ging schnell ins Haus zurück, und die kleine Angelika erkannte für den Bruchteil einer Sekunde den Gesichtsausdruck vom Nachmittag wieder.

Es war Hass gewesen, der blanke Hass, erinnerte sich Angelika, in deren blitzschnell ablaufendem Gedankenfilm die Ereignisse einer längst vergangenen Zeit lebendig geworden waren. Sie wusste nicht, was ihr den Mut gab, dass sie der alten Frau, die ihr gegenüber im gemütlichen Wohnzimmer saß, die Frage stellte: »Hat die Thekla damals auch so ein Zuckerbrot bekommen von dir, nur mit anderen Zutaten als die der Butterherzchen?«

»Ich habe mich immer gewundert, weshalb niemand Verdacht geschöpft hat damals. Ja, so war es. Lange hab ich ja nichts gemerkt. Die zwei waren so heimlich. Da hab ich aber den Brief gefunden, den die Thekla in der Schürzentasche trug. Ein Zufall. Ich habe aus Versehen die Schürze von Thekla angezogen, da hat es geknistert in der Tasche. Geliebte Th., stand da in Walters Schrift zu lesen. Der Brief ist für mich, dachte ich. Th., das bin ich, die Theres. Wie kommt sie in die Schürzentasche von der Thekla? Erst als ich den Satz mit den Erinnerungen an das Stelldichein im Kirchhof las, fiel es mir wie Schuppen von den Augen. Mit der geliebten Th. war Thekla, nicht ich gemeint. Der Brief sprach von Küssen, von Zärtlichkeiten, von dem roten Haar und der zierlichen Gestalt, die ihn verhext hatten.«

Ja, erinnerte sich Angelika: Unter schlimmen Schmerzen war Thekla gestorben damals. Eine Kolik, hatte der Arzt gesagt.

In jener Adventszeit war ein seltsames Virus umgegangen. Zwei ältere Leute waren daran gestorben, mehrere Leute hatten Symptome, konnten aber noch einmal gerettet werden. Die zierliche Thekla war die einzige Junge unter den Kranken. Sie war in der Kindheit oft kränklich gewesen, keiner wunderte sich, als ihr Tod bekannt wurde.

»Eifersucht ist das Schlimmste, was einem Menschen passieren kann«, sagte die alte Frau. »Heutzutage könnte man das, was ich getan habe, nicht verheimlichen. Da hat die Polizei moderne Mittel. Ich habe büßen müssen für meine Tat. Keine Nacht habe ich mehr richtig schlafen können, der Kummer hat mich ausgehöhlt. Obwohl ich einen guten Mann bekommen habe, eine liebe Tochter und später meine Enkelin, in mir war immer eine Angst, doch noch entdeckt zu werden. Und die Reue, die kann mir niemand abnehmen.«

Sie schaute Angelika fest ins Gesicht.

»Verachte mich nicht zu sehr. Glaub mir, ich hab viel gelitten. Sich niemandem anvertrauen zu können, das war das Allerschlimmste. Ich wollte meine Familie nicht belasten, darum habe ich keinem was erzählt. – Danke fürs Zuhören.« Sie sprach mit der gleichen sanften Stimme, mit der sie die kleine Angelika damals getröstet hatte, wenn diese einen Kummer hatte: eine Fünf in Mathe, einen kleinen Streit mit der besten Freundin oder Ärger mit den manchmal groben älteren Brüdern.

»Wie …?« fragte Angelika zögerlich.

»Der Zuckerguss war es. Eine kleine Portion in Walters Zuckerbrot, eine ordentlich große in Theklas Anteil. Ich wollte niemanden umbringen. Krank sollten sie werden, die beiden. Nicht sterben.«

Angelika erinnerte sich an eine große runde Dose im Schuppen, ganz oben im Regal, damit die Kinder sie nicht erreichen konnten. Ein weißer Totenkopf auf schwarzem Grund und die Aufschrift: Gift.

Von Walter, so erinnerte sie sich nun, hieß es damals, er habe über Bauchschmerzen geklagt, doch wurde sein Unwohlsein auf das üppige Abendessen zurückgeführt. Der Walter neigte dazu, mehr als reichlich zu essen und zu trinken. Das war im ganzen Dorf bekannt.

Angelika nahm die alte Frau stumm in die Arme. Draußen fuhr das Auto der Enkelin vor.

Die Theres löste sich aus der Umarmung. »Ich muss gehen.«

Beide Frauen schauten unwillkürlich zum Tannenbaum hin. Der Zuckerkringel bewegte sich ein wenig im Lufthauch der geöffneten Tür und blitzte golden auf.

Als die alte Frau gegangen war, nahm Angelika das *Zuckerbrot* und legte es behutsam in den kleinen Pappkarton zu dem in Seidenpapier eingewickelten Engel mit dem Wachsgesicht.

Sie hörte, wie das Auto wegfuhr.

Draußen begann es leise zu schneien.

Butterbredle

Butterbredle sind ein Weihnachtsgebäck mit viel Butter und viel Zucker. Es handelt sich um eine Pfälzer Spezialität auch sprachlicher Art: Die Südpfälzer nennen Weihnachtsgebäck generell *Zuckerbrot*, aber dieses Rezept heißt *Butterbredle*. *Zuckerbrot* ist eine Art übergeordneter Begriff ...

Zutaten:
500 g Mehl
250 g Zucker
250 g Butter
8 Eigelbe

Zubereitung:
Man mischt den Zucker und die Eigelbe gut, verarbeitet dann die Masse mit der weichen Butter und dem Mehl und lässt den Teig zwei Stunden ruhen.
Man rollt den Teig vier Millimeter dick aus und sticht ihn alsdann mit verschiedenen Förmchen aus. Die entstanden Teigformen bestreicht man mit Eigelb und backt sie auf gebuttertem Blech bei mittlerer Hitze zehn Minuten.
Das Gebäck kann beliebig verziert werden, zum Beispiel mit Schokoglasur, Liebesperlen, Sternchen oder anderem.

MARKUS GUTHMANN

Bleedie Blunz

Tief im Pfälzer Wald steht ein Bauernhaus,
so hübsch und fein,
wenn der Winter kommt, stellt sich eines
Tags der Metzger ein.

Menschen, die bei der Arbeit singen, lieben ihren Beruf. Aber so richtig glücklich bin ich heute nicht, denn der Adventsmetzger ist ein aussterbender Beruf, obwohl er eine jahrhundertealte Tradition hat. Ich bin einer der Letzten, die dieses ehrenwerte Handwerk ausführen, kann aber schon seit beinahe dreißig Jahren nicht mehr davon leben. Wenigstens habe ich es geschafft, mein Dienstleistungsangebot zu diversifizieren, was mich noch jahrelang über Wasser gehalten hat, aber jetzt, kurz vor der Rente, beginne ich mir echt Sorgen zu machen. Schuld daran ist diese bleedie Blunz, die ich einmal geliebt habe, und der komische Privatdetektiv, der heute unter dem Vorwand, Wein kaufen zu wollen, in die Probierstube schneite, aber nur dumme Fragen stellte.

Früher hat das Geschäft floriert, weil praktisch jeder Winzer eigene Schweine, Hühner, Gänse oder andere Nutztiere hielt. Da Kühlschränke oder Tiefkühltruhen entweder nicht vorhanden oder wenig verbreitet waren, wurde traditionell in den kühleren Monaten mit »R«, also von September bis April, und deshalb oft in der Adventszeit geschlachtet. Wenn »die Wutz geschlacht' werre soll« oder es anderem Getier an den Kragen ging, dann kamen wir Adventsmetzger zum Einsatz. Hausschlachtungen, das Schlachtfest oder die gleichbedeutende Einladung zur *Metzelsupp* waren immer beliebte Zusammenkünfte der Familie, Nachbarn und Freunde in der kühlen Jahreszeit. Erfahrungsgemäß blieben am Ende eines solchen Festes nicht viele Reste, aber je nachdem, wie groß der Bekanntenkreis war, bekam man beinahe jede Woche von woanders eine Einladung, denn Anlässe gab es mehr als genug.

> *Einmal kommt der Tag, wo man Hochzeit macht – im Pfälzer Wald,*
> *und vor diesem Fest singen alle froh, ob jung, ob alt.*
> *Do wird die Wutz geschlacht', do wird die Worscht gemacht,*
> *und herrlichen Wein gibt's im Pfälzer Land.*

Der Adventsmetzger war sogar manchmal ein Ehrengast, besonders wenn er seine Sache gut machte und schon Jahre regelmäßig bei der Familie arbeitete. Ich hatte einen festen Kundenstamm und lernte durch meine Arbeit viele Freunde kennen, denen ich schon mal einen Gefallen mit der einen oder anderen Spezialdienstleistung tat. Ich war sehr beliebt und erreichte zusätzlichen Ruhm, weil ich als einer der Erfinder des Pfälzer Dubbeglases gelte, das wir mithilfe eines befreundeten Glasbläsers so formten, dass es uns bei der fettigen Arbeit mit dem geschlachteten Tier nicht aus der Hand rutschte. Ach, waren das schöne Zeiten, und ich möchte mit all den guten Erinnerungen in Rente gehen und nicht am Ende noch im Knast landen.

Ich habe den Beruf von der Pike auf gelernt und mich bewusst gegen ein eigenes, ortsgebundenes Geschäft entschieden, aber schon immer gab es Dilettanten unter uns, die nur schlecht angelernt und mir deshalb ein Dorn im Auge waren.

Das fing schon frühmorgens mit der Auswahl des Schweines an. Während die Helfer das Wasser über einem offenen Feuer zum Kochen brachten und die Zutaten und Werkzeuge zusammensuchten, wählten der Gastgeber und ich das Schwein aus. Es ist wie bei den Menschen. Schleift der Bauch erst einmal auf dem Boden, dann ist das Ganze unappetitlich und fettig, das gilt insbesondere für die Wurst. Meine Kunden vertrauten immer meinen Ratschlägen und setzten das eine oder andere Tier schon mal auf Diät, während ich ein geeigneteres gemächlich vor mir an den Schlachtplatz trieb. Danach habe ich dem Tier immer ein bisschen Zeit gegeben, sich zu beruhigen, was ganz wichtig vor einer Schlachtung ist. Manche Tiere beißen und treten, auch mit solchen Kandidaten muss ein Adventsmetzger sensibel umzugehen wissen. Daher streichele ich die Tiere auch immer, bevor ich den Schlachtschussapparat ansetze.

Einen großen Unterschied machen auch die Werkzeuge aus. Mein Schlachtschussgerät ist immer tipptopp gepflegt, was ich vor dem Einsatz an einer fünf Zentimeter dicken Holzbohle teste, die mühelos durchschlagen wird, wenn es ordnungsgemäß funktioniert. Meine Messer schleife ich persönlich so scharf, dass man sich damit rasieren kann. Ist das Schwein einmal mit dem Schlachtschussgerät betäubt und liegt auf der Seite, dann setze ich einen geübten Stich zwei bis drei fingerbreit über dem Brustbein, und der dicke Blutstrahl zeigt mir, dass der Stich perfekt war. Das Blut wird in Schüsseln und Bottichen aufgefangen, denn es wird ja noch für die Blutwurst gebraucht. Ich besitze auch eine transportable, kippbare Stahlwanne, in die ich die Schweine verfrachte, um sie mit Brühharz, heißem

Wasser und einem Schaber zu enthaaren. Schließlich verwende ich einen Kettenzug aus Edelstahl, den ich an einem Balken über der Wanne befestige und mit dessen Hilfe ich auch große Schweine heben und anschließend zerteilen kann. Genau wie den großen Fleischwolf säubere ich alles äußerst gründlich und setze dabei schon mal Wasserstoffperoxid ein. Jedenfalls finden sich nach Gebrauch an meinen Werkzeugen nicht die winzigsten Rückstände.

Meine miesen Mitwettbewerber benutzen für die gleichen Zwecke schon Mal einen Vorschlaghammer, stumpfe Messer und simple Plastikfolie, die sie an den Rändern mit Brettern aufgerichtet haben. Wie man da ein Schwein vernünftig drehen und fachmännisch zerlegen soll, ist mir bis heute ein Rätsel geblieben. Durch solche Stümper ist mein Beruf in Verruf geraten und seit einigen Jahren sind Hausschlachtungen nur noch zu familiären, nichtkommerziellen Anlässen erlaubt. Schlachtungen werden aus Tierschutz- und Hygienegründen grundsätzlich nur noch in zertifizierten und überwachten Tiertötungsfabriken durchgeführt. Ich bin mir nicht sicher, ob diese unpersönliche Art der Schlachtung am Fließband wirklich einen ethischen Fortschritt gebracht hat.

Früher wurde auch alles vom Schwein verwertet. Die vermeintlich ungenießbaren Teile wie etwa Augenlider und Ohren schmiss man den dankbaren Hunden vor die Schnauze oder gab es den Artgenossen in den Trog. Mittlerweile habe ich aber das Gefühl, dass die durch Chappi und Cesar verwöhnten Köter nur noch die Nase rümpfen. In den modernen Schlachthöfen gibt es spezielle Kühlräume, in denen der Abfall gelagert wird, bis ihn die Tierkörperverwertung abholt.

*

*Do wird die Wutz geschlacht', do wird die
Worscht gemacht,
und herrlichen Wein gibt's im Pfälzer Land.*

Ich summe das Lied vom legendären Kurt Dehn vor mich
hin und muss unweigerlich an Wilhelm Busch denken,
vom dem der Spruch »des Schweines Ende ist der Wurst
Anfang« stammt. Mit einem eleganten Schnitt öffne ich
das kopfüber hängende fette Schwein, wobei ich peinlich darauf achte, dass ich die Gedärme nicht verletze,
denn ich brauche sie ja noch als Wurstpelle und das
Fleisch darf nicht von Kot oder Futterresten verunreinigt
werden. Damit das nicht passiert, binde ich immer den
Schlund und das Rektum sorgfältig ab, bevor ich den
ganzen Verdauungstrakt entnehme und normalerweise
den Helfern zum Reinigen übergebe. Normalerweise,
denn heute muss ich das alles allein machen.

»Wann bist du denn endlich fertig?«, ruft die bleedie
Blunz herunter. »Du brauchst auch immer länger.«

»Ich bin halt nicht mehr der Jüngste. Aber du kannst
gerne runterkommen und mir helfen«, brülle ich zurück, ohne meine Arbeit zu unterbrechen. »Was hat
dich denn dieser Privatdetektiv genau gefragt?«

»Das Übliche halt. Wann ich Dieter das letzte Mal
gesehen habe und ob ich wusste, dass er verreisen wollte und so weiter, und so weiter.«

»Was hast du geantwortet?«

»Dass er sich mit dem Koffer in der Hand bei mir
verabschiedet hat und nach Thailand abhauen wollte,
weil ihm hier alles gestunken hat. Die viele Arbeit im
Weingut, für das er keinen Nachfolger fand. Ich, die ich
ein Verhältnis mit einem deutlich jüngeren Erntehelfer
habe. Du kennst doch die Geschichte genauso gut wie
ich.«

Ich nicke und trenne den ausgenommen Korpus mit wuchtigen Schlägen meines Metzgerbeiles in zwei Hälften. »Du kannst mir mal wenigstens eine Schorle bringen«, rufe ich die Treppen hinauf, während in dem alten Waschkessel die Brühe blubbert und ich die ersten Brocken Kesselfleisch hineinwerfe, dem später die Würste und der Schwartenmagen folgen werden. Die erste Mahlzeit des Tages war immer das Kesselfleisch gewesen und alle Helfer warteten mit ihren Tellern und Näpfen auf ihre Portion, die sie mit frischem Zwiebelsalat verschlangen. Die Kinder ließen sich absichtlich Blutwurst ins Gesicht schmieren und sangen fröhlich:

Do wird die Wutz geschlacht',
do wird die Worscht gemacht,
und herrlichen Wein gibt's im Pfälzer Land.

Heutige Übermuttis würden wohl ohne zu zögern das Gesundheitsamt einschalten und die Staatsanwaltschaft würde wegen seelischer Grausamkeit ermitteln. Die unbeschwerten alten Zeiten kommen wohl nicht wieder.

Die bleedie Blunz bringt mir tatsächlich eine Rieslingschorle. Will sie sich etwa mit mir wieder versöhnen? Ich nehme einen großen Schluck aus dem Dubbeglas und reiche es zurück.

»Er hätte nichts gefunden. Die Polizei hat die Suche nach deinem Mann aufgegeben und er wurde letzten Monat für tot erklärt. Sein Auto stand am Frankfurter Flughafen im Parkhaus. Von ihm und seinem Gepäck gab es keine Spur. Vermutlich ist er unter falschem Namen weggeflogen. Damit ist alles gut«, sage ich zuversichtlich.

»Der Schnüffler meinte, dass er einen Parkhauswächter ausfindig gemacht hätte, der Videos mit einer eigenen Kamera aufzeichnete, weil er schon einige Male überfallen worden war. Er löscht seine Filme nicht nach dem Datenschutzgesetz, sondern sammelt sie akribisch. Auf keinem der Videos aus dem fraglichen Zeitraum war Dieter drauf, aber dafür ein älterer, in der Pfalz bekannter Adventsmetzger.«

Ich verschlucke mich an der Schorle. »Wer hat denn den überhaupt beauftragt«, frage ich, als ich den Hustenreiz wieder unter Kontrolle habe.

»Dieters Schwester. Sie will ihren Anteil vom Erlös des Weingutes.«

»Du willst also wirklich verkaufen, du bleedie Blunz?«

»Ja, ich verkaufe das Weingut und gehe mit Mariusz nach Spanien«, antwortete sie betont ruhig.

»Und was soll aus mir werden? Wir wollten uns hier zur Ruhe setzen, wenn alles vorbei ist.«

Sie zuckte mit den Schultern. »Du kannst ja weiterhin deine speziellen Hausschlachtungen machen.«

Mir wird schwarz vor Augen, als sie langsam die Treppe hochsteigt. Ich stürme hinterher und greife nach dem Vorschlaghammer. Es geht alles so schnell, dass sie nicht einmal Zeit hat, sich umzudrehen. Ich ärgere mich, denn das war stümperhaft, aber der Schlachtschussapparat war weder sauber noch geladen. Ich löse den Flaschenzug und lasse den Privatschnüffler, oder vielmehr die beiden Hälften, die von ihm übrig geblieben sind, in die Wanne krachen, denn ich brauche den Haken jetzt für die bleedie Blunz. Heute wird es noch ein großes Schlachtfest geben und die Sau ist nicht zu fett. Nur schade, dass mal wieder die Gäste ausbleiben.

Einmal kommt der Tag, wo man Abschied nimmt von unsrer Pfalz,

an der Himmelstür singt der Petrus dir aus
vollem Hals:
Do wird die Wutz geschlacht', do wird die
Worscht gemacht,
und herrlichen Wein gibt's im Pfälzer Land.
Kurt Dehn (1920–2000)

Pälzer Blunz

Für 4 Personen

Zutaten:
500 g frische Blutwurst
800 g Kartoffeln, mehlig
2 große Zwiebeln
3 Äpfel, süßsauer
4 Zweige Majoran
150–200 ml Milch
Butter, Salz, Muskat für den Stompes, nach Belieben

Zubereitung:
Zuerst die geschälten und geviertelten Kartoffeln in heißem Wasser oder in einem Dampfgarer etwa 30 Minuten weich kochen. Die Äpfel und Zwiebeln schälen und in Scheiben schneiden. Die Majoranblätter zupfen und hacken. Von der Blutwurst benötigt man gleichmäßige, circa ein bis zwei Zentimeter dicke Scheiben. Die Zwiebeln in einer großen Pfanne mit Butter braun anbraten. Die abgetropften Kartoffeln unter ständiger Zugabe von Milch stampfen. Mit Butter, Salz und Muskat abschmecken, danach den Stompes warmhalten.
Sind die Zwiebeln nach Geschmack braun, dann ein paar Minuten lang die Apfelscheiben mitbraten lassen und das Ganze mit Salz und Pfeffer würzen. Das Gemisch an den Rand schieben und die Blutwurstscheiben in der Mitte der Pfanne etwa eine halbe Minute auf jeder Seite scharf anbraten, wobei gegebenenfalls noch etwas Butter hinzugegeben werden muss.
Stompes und die angebratene Blutwurst auf den Tellern verteilen. Zum Schluss den Majoran unter das Zwiebel-

Apfel-Gemisch mengen und auf der Blutwurst und dem Stompes häufen.

Das Gericht gibt es in vielen Variationen in ganz Deutschland. Ebenfalls auf der linksrheinischen Seite ist die Kölner Leibspeise »Himmel un Äd« zu erwähnen, die oft mit Apfelmus und Preiselbeeren serviert wird.

Zum Trinken empfiehlt der Autor einen halbtrockenen Dornfelder, aber wegen der weiten Verbreitung des Gerichts darf es auch ein leckeres Kölsch sein.

WOLFGANG BURGER

Blinde Spiegel

Landau

Das Messer ist schwer. Es ist ein gutes, teures Messer. Eine dicke Klinge, zwei Handbreit lang, ein kräftiger Holzgriff. Ein zuverlässiges Werkzeug. Fast ohne Beschädigungen, obwohl schon einige Jahre alt und oft in Gebrauch. Solingen, steht auf der Klinge, zwei gekreuzte Schwerter. Der Stahl ist vollkommen blank und jetzt auch nass vom Spülwasser. Ein perfekter Spiegel. Er wendet es langsam hin und her und beobachtet die zuckenden Lichtreflexe. Irgendein Chrom-Molybdän-Stahl, geschmiedet natürlich. Nur in der Oberfläche gehärtet, damit er zäh bleibt. Langsam legt er das Messer ins Spülwasser zurück, obwohl es schon sauber ist, und beginnt, die Teller abzuwaschen. Langsam und gründlich. Penibel, wie sie sagen würde. Aber sie sieht es nicht. Sie sitzt mit dem Rücken zu ihm auf einem Stuhl am Esstisch, die Beine hochgelegt, auf dem Tisch ein Glas Riesling vom Weingut Schmitt in Ilbesheim. Sie sieht durch die Terrassentür nach draußen und summt vor sich hin. Dieses gemeinsame Abendessen gehört dazu, seit Jahren. Tagesausklang, Abstand gewinnen, Ruhe finden. Heute ist alles anders: Michelin ist vom Auftrag zurückgetreten.

Sie sieht nicht hinaus. Draußen ist es längst dunkel. Sie hat heute keinen Blick für die Weinberge, für die weite Ebene des Rheins. Sie beobachtet ihn im spiegelnden Glas der Terrassentür. Er hat ein Problem. Und, wie immer, er redet nicht drüber. Männer reden ja immer nur über Erfolge, nie über Probleme. Sie muss warten. Wenn sie ihn darauf anspricht, gibt er eine ausweichende oder grobe Antwort und sagt erst recht nichts. Unten fährt ein großes Auto vorbei, im Schritttempo, auf Parkplatzsuche. Es scheint ein bisschen zu regnen. Sie hätte ihm ja auch etwas zu erzählen, das mit Harald. Aber heute besser nicht, obwohl sie es versprochen hat, nein, heute lieber nicht. Er hat schon Probleme genug, da kann sie nicht auch noch ... Nein, besser morgen. Jetzt nimmt er schon zum zweiten Mal dieses schreckliche Ding aus dem Wasser, dieses Angebermesser. Sie selbst benutzt es nie, hat geradezu Angst davor, nimmt lieber das kleine mit dem braunen Griff, aber er schneidet ja selbst Petersilie mit diesem mörderisch scharfen Riesending. Wie er aussieht, so nachdenklich. Es muss ein großes Problem sein.

Michelin hat zweimal gemahnt und Termine gesetzt. Jetzt ist nichts mehr zu machen. Mit dem Anwalt hat er heute auch schon gesprochen. Es ist aus. 200 Takte pro Minute hatten sie zugesagt. Doch schon bei 160 kriegen sie Probleme mit den Toleranzen, und bei 180 fliegen ihnen die Teile aus den Spannzangen. Der Auftrag seines Lebens sollte es sein, der Durchbruch, aber sie haben es vermasselt. 870.000 Euro an Vorinvestitionen sind hin. Die Firma ist hin, das traumhaft schöne und für zwei Personen viel zu große Haus an der Kaysersbergstraße ist hin, sein geliebter siebener BMW, alles. Er muss es ihr sagen, und er kann nicht. Warum? Kann er nicht als Geschäftsmann alles, hat er nicht alles gekonnt? Kann er nicht vor zig Leuten sprechen, sie überzeugen von Dingen, an die er selbst nicht glaubt? Sie auf eine Seite ziehen, auf der er selbst nicht steht? Aber sie sagt ihm ja auch nicht alles. Schon zum dritten Mal war sie nicht in ihrer Boutique in der Blumgasse, als er angerufen hat. Lieferantengespräche, abends um halb acht! Dieses Messer gibt einem ein seltsames Gefühl. Es liegt in der Hand, als wäre es genau für diese eine Hand gemacht, als wäre nichts anderes denkbar, als dass es in dieser Hand liegt, als wäre es gar nicht existent, wenn es die Hand dazu nicht gäbe. Von einem solchen Griff kann man nicht abrutschen, auch wenn man beim Schneiden mit Kraft auf Widerstand stößt. Diese Klinge wird nicht brechen, wenn sie auf Knochen trifft. Und sie schneidet Fleisch wie Sahnetorte. Wo sie angeschliffen ist, da ist sie matt, wenige Millimeter nur, eine feine Textur, ein präziser, handwerklich perfekter Schliff. Ein Kunstwerk. So eine scharfe Messerklinge ist vorne nur Mikrometer dick, der zehnte Teil eines menschlichen Haars vielleicht. Wenn man versehentlich drankommt, hat man sich schon geschnitten.

Er macht ihr Angst, wie er so dasteht und auf dieses Messer starrt. Sie müsste jetzt etwas sagen. Aber was? Etwas Banales, was für ein Wetter, wie war dein Tag? Nein, das lieber nicht. Sie ahnt, wie sein Tag war. Es gibt ein Problem mit der Firma, andere Probleme kennt er ja nicht, und es muss wirklich ein großes Problem sein. Die Scheibe beschlägt, sein Spiegelbild wird undeutlich, verschwommen. Sie beschlägt vom dampfenden Spülwasser. Nie hat sie verstanden, wie er in dieses heiße Wasser greifen kann, und warum zum Teufel es so heiß sein muss. Vielleicht will er ihr und sich immer wieder beweisen, was er ertragen kann? Noch niemals hat er geweint in ihrer Gegenwart. Und immer noch hält er das Messer in der Hand. Es müsste gar nicht gespült werden, wenn er ihr vorhin nicht geholfen hätte, beim Tomatenschneiden. Tomatensalat mit Basilikum, ohne Mozzarella, wegen der Kalorien.

Die Haut an seiner Hand ist jetzt schrumpelig vom Spülwasser, die Nagelränder sind ganz weiß. Auch die Finger lassen inzwischen erkennen, dass er gerne isst und die Vierzig schon eine Weile hinter sich hat. In der Klinge kann er seine Augen sehen. Stahlblau, entschlossen, hart. Nein, heute nicht hart, bitter. Wenn er wenigstens etwas ins Ausland geschafft hätte oder allen Privatbesitz auf sie überschrieben, wie es alle machen. Aber er hat ja nie den Gedanken zugelassen, dass es schiefgehen könnte. Wer an so etwas denkt, der hat schon verloren, davon war er immer überzeugt gewesen. Immer alles auf eine Karte, immer volles Risiko, er war so jung, so stark, wozu Vorsicht, wozu Altersvorsorge? Mit 55 wird der ganze Krempel verkauft und dann ab auf die Kanaren, das war sein Spruch, immer. Jetzt ist er 47, hält ein Messer in der Hand und betrachtet seine Augen im Spiegel der Klinge. Das Bild ist undeutlich, verschwommen, als ob das Messer nicht ganz sauber wäre, obwohl es schon viele Minuten im Wasser liegt und er es bestimmt schon dreimal abgewischt hat.

Sie bemerkt, dass sie aufgehört hat zu summen. Jetzt müsste er die Töpfe spülen, als Letztes, aber er tut es nicht. Wie viele Sekunden hat er sich schon nicht mehr bewegt? Immer hat er gesagt, eine Spülmaschine, das lohnt sich doch nicht für uns zwei. Abends zusammen kochen und abspülen, das ist doch schön. Man plaudert ein bisschen, tut was mit den Händen, was einfach ist, was keine Probleme macht, das entspannt. Wozu eine Maschine für zwei Teller, zwei Bestecke, für ein, zwei Schüsseln? Irgendwann sind sie dann auf die Arbeitsteilung gekommen: Einer kocht, einer spült, immer abwechselnd. Heute hat sie Hecht auf Landauer Art gemacht, dazu die Weißweinsoße mit Schmand, die er so gerne isst. Obwohl er mit Butter und Rahm vorsichtiger sein sollte, jetzt, von der Seite, sieht man es doch ziemlich deutlich. Aber er ist immer noch eine imponierende Gestalt, ja, wenn man nur mit ihm reden könnte. Sie öffnet den Mund, holt Luft, schließt ihn wieder, will wieder summen, weil sie die Stille nicht erträgt, aber ihre Stimme funktioniert nicht. Sie fühlt, ohne es zu versuchen, dass sie krächzen würde. Und sie wagt nicht, sich zu räuspern.

Der Griff seiner Hand ist jetzt eisenhart. Wasser wird zwischen den Fingern hervorgequetscht, tropft überlaut ins Becken. Die Knöchel treten weiß hervor, die Klinge beginnt zu zittern, das Bild darin wird immer undeutlicher. Und plötzlich kann er seine Augen nicht mehr sehen.

Hecht nach Landauer Art

Für 4 Personen

Zutaten:
1,5 kg Hecht, küchenfertig
Saft einer Zitrone
Salz, Pfeffer
100 g Speck, fett
100 g Butter
etwas Butter, zum Einfetten des Backblechs
30 g Butter, eiskalt, zum Binden
125 ml Schmand
125 ml Weißwein
1 EL Petersilie, gehackt

Zubereitung:
Den Fisch unter fließendem Wasser reinigen und gut mit einem Küchenpapier abtrocknen. Von innen und außen mit Zitronensaft einreiben, salzen und pfeffern. Den Speck in feine Streifen schneiden und circa 30 Minuten im Eisfach anfrieren.

Mit einem scharfen Messer den Fischrücken in gleichmäßigen Abständen einstechen und die Speckstreifen von der einen zur anderen Seite durchschieben (wie gewebt). Die Bauchlappen mit Zahnstochern durchstoßen, damit der Fisch auf den Bauch gestellt werden kann und Halt bekommt. Den Backofen auf 200 Grad vorheizen.

Die Butter in einem kleinen Topf erhitzen, über den Hecht gießen und alles im Backofen ca. 30 Minuten garen. Dann den glatt verrührten Schmand über den heißen Fisch geben und für zehn Minuten bräunen lassen.

Den Fischsud in einem Topf auffangen und den Fisch warm stellen. Den Wein zum Sud hinzugeben und aufkochen lassen. Mit der eiskalten Butter binden, salzen und pfeffern und die Petersilie dazugeben.

Dazu passen Salzkartoffeln und Salat.

KERSTIN LANGE

Schlagfertig

DEIDESHEIM

Otto hörte, wie Gerda ein Lied pfiff, und verzog schmerzhaft das Gesicht. So sehr er sich auch anstrengte, er erkannte das Lied nicht. Die unperfekten Töne machte Gerda durch Lautstärke wett.

Seine Frau pfiff immer beim Schuheputzen. Warum ausgerechnet bei dieser ihm so ungeliebten Arbeit, hatte er in all den Jahren nicht herausfinden können. Saubere Golfschuhe waren ihr fast so wichtig wie die aktuelle Golfmode. Ihr Outfit für ihr erstes Turnier hatte sie sich wochenlang überlegt und akribisch zusammengestellt. Sprachlos hatte er zugesehen, wie sie eine Kombination nach der anderen im Internet bestellte, zurückschickte und neu bestellte. Ihre Kleidung musste auch zu seinen Hosen passen. Traditionsbewusst, wie er war, trug er nur karierte Hosen.

Zu ihrem Glück und seinem Leid waren grün-blaue Karos topaktuell, mit dem Ergebnis, dass sie heute im Partnerlook auftraten. Gerda war begeistert, für ihn gab es nichts Schlimmeres. Ehepaare, die ihre langjährige Zwangszusammengehörigkeit mit gleicher Kleidung demonstrieren mussten, waren für ihn ein Gräuel.

Aber auch diesen Tag würde er überstehen. Irgendwie. Es war klar, wie es werden würde. Gerda würde wie immer nicht richtig zuhören, nur teilweise und zwar bei dem Teil, den sie verstehen wollte. Sie würde garantiert dann sprechen, wenn die anderen abschlugen, sie würde sich nicht an die Etikette halten, schon gar nicht an die Regeln.

Zum wiederholten Male fragte er sich, wieso er das eigentlich verdient hatte. Er hatte mit dem Golfsport begonnen, da er sich Ruhe vor ihr wünschte, seit er Pensionär war. Den ganzen Tag mit ihr zusammen zu sein und wandern zu gehen, ertrug er nicht, wie er nach einer Woche Rentnerdasein feststellte. Seine Pläne, die Freizeit zu nutzen und Deidesheim wie ein Tourist zu betrachten und zu genießen, verwarf er wieder. Mit Gerda war es zu anstrengend, auch wenn die Landschaft und die Weinberge um ihn herum zum Wandern und Genießen einluden.

Sein Freund Günther erlöste ihn mit dem Vorschlag, gemeinsam das Golfspielen zu lernen. Der Pfälzer Golfclub lag in der Nähe von Pirmasens und war weit genug entfernt, dass er einen ganzen Tag außer Haus verbringen konnte.

Leider hielt die Ruhe nicht lange an, denn auch Gerda fand plötzlich Gefallen an dem Sport.

Viele Monate hatte er geglaubt, dass sie nie die Platzreife schaffen würde, was er dankbar hinnahm und gerne die teuren Trainingsstunden bezahlte. Doch irgendwann hatte der Trainer genug. Aus Mitleid oder Selbstschutz – Otto war sich nicht sicher – erreichte sie ihr Ziel.

Heute stand nun ihr erstes gemeinsames Turnier an.

»Ist das nicht fantastisch?«, rief Gerda, »dass wir im gleichen Team spielen? So habe ich mir das vorgestellt.«

»Flight«, antwortete er genervt. »Beim Golfen heißt das Flight, nicht Team. Beim Turnier gibt es heute Vierer-Flights. Mit uns sind noch Werner und Günther dabei.«

»Ist Günther nicht dieser Regel-Guru?«

Er nickte nur. Gerda war der Meinung, dass Regeln wichtig waren – für andere, nie für sie.

Ihm fielen ihre Interpretationen bei Brett- und Kartenspielen ein, was ihm augenblicklich einen überhöhten Puls einbrachte. Er zweifelte nicht, dass sie beim Golfen anders war. An diesem Tag gab es nur einen Lichtblick. Das Essen nach dem Turnier. Sein Lieblingscaterer servierte Pfälzer Tapas, und beim Gedanken an kleine Saumagenscheiben und Pfälzer Wurstsalat lief ihm das Wasser im Mund zusammen.

Er musste gelächelt haben, denn Gerda sagte: »Ich wusste, dass du dich genauso freust.«

Wie immer saß er hochkonzentriert am Steuer und überließ ihr das Reden.

»Meinst du, ich habe das richtige Outfit für heute gewählt?«

Er grunzte, was ihr zum Weitersprechen reichte. Bis sie am Golfplatz angekommen waren, hielt sie einen Monolog über die Farben der aktuellen Saison, dass karierte Muster nie aus der Mode kämen, dass sie Orange nicht mochte und gespannt war, was der Tag bringen würde. Sechzig Kilometer konnten lang sein.

Otto atmete tief ein, als sie auf den Parkplatz fuhren. Er sah bereits seine beiden Mitspieler, die anscheinend auf sie warteten.

»Dann sind wir ja komplett.«

Ein spöttisches Grinsen, als Gerda umständlich aus dem Auto stieg und ihre Hose zu sehen war. Zum Glück enthielt sich jeder eines Kommentars. Gerda hingegen strahlte. »Das freut mich, dass ich mit euch erfahrenen Spielern unterwegs sein kann. Dann könnt ihr mir sicher den einen oder anderen Tipp geben.«

Otto schüttelte seinen Kopf und sagte, an seine Kumpel gewandt: »Lasst uns ein paar Bälle hauen.«

Gerda schaute ihnen hinterher, überlegte kurz, ihnen zu folgen, als Martha sie ansprach. »Ich habe Prosecco dabei. Schade, dass du nun nicht in unserem Team bist, aber das holen wir alles nach. Und später sehen wir uns ja bei der Preisverleihung und beim Essen. Preise werden wir wohl nicht abräumen.«

Mit einem Kanonenstart begann das Turnier. Eine angespannt freudige Atmosphäre herrschte in den Flights. Auch in dem von Gerda und Otto. Doch trotz ihrer Freude lief es von Anfang an schlecht für sie. Die Bälle kullerten mehr, als dass sie flogen, drei von vier Schlägen gingen in eine andere Richtung, als sie sollten, und meist suchte sie ihre Bälle neben der Bahn. Das kostete Zeit, ihre Mitspieler wurden immer unruhiger und genervter. Gerda spielte von Loch zu Loch schlechter. Otto hielt es kaum aus. Selbst Günther hatte es aufgegeben, die Regeln zu erklären, er war es leid. Gerda begriff es nicht. Oder wollte nicht. Manchmal sah sie ihren Mann flehend an, als erwartete sie von ihm, dass er sie irgendwie unterstützte. Zum ersten Mal in dreißig Jahren Ehe dachte er ernsthaft an Scheidung.

Drei Mal musste Günther ihn ansprechen, dass er dran war. Das war ihm noch nie passiert. Er stand an Loch fünf und überlegte kurz, welchen Schläger er nehmen sollte.

»Nimm doch den Goofy.«

Gerdas hohe Stimme tat ihm in den Ohren weh. Dazu kam, dass er wirklich den Schläger nehmen wollte, dessen Schutzhaube der Comicfigur nachempfunden war. Doch etwas in ihm wehrte sich, auf seine Frau zu hören. Er konnte nicht, und wider besseres Wissen nahm er Eisen sieben.

Bereits am Klang des Treffers erkannte er, dass das keine gute Entscheidung gewesen war. Er verzog den Arm, und der Ball landete im Gebüsch, weit entfernt vom anvisierten Grün.

Günther konnte sich einen Kommentar nicht verkneifen. »Goofy wäre besser gewesen.«

Gerda sagte: »Das war weit, aber die falsche Richtung.«

Am liebsten hätte er ihr den Golfschläger um den Hals gewickelt. In Gedanken errechnete er bereits sein neues Handycap, verbessern würde er sich keinesfalls.

Günther trat als Nächster an den Abschlag. Gerda setzte an, erneut einen Ratschlag bezüglich des Schlägers zu geben, als Günther sie anfuhr: »Jetzt halt endlich die Klappe!«

Gerdas Mund blieb offen. »Otto, wie kannst du es zulassen, dass er so mit mir spricht?« Er drehte ihr den Rücken zu.

»Jetzt hör mir mal gut zu, Gerda«, nutzte Günther die Redepause, nahm etwas aus der Hosentasche und steckte es in den Rasen. »Das ist ein Tee, weder Holzteil noch Ding. Man spricht es mit ›i‹. Darauf wird der Ball gelegt, damit man besser abschlagen kann und nicht den Rasen umgräbt, wie du es tust.«

Gerda wollte widersprechen, doch Günther hob die Hand, um sie am Reden zu hindern. »Du hast den Mund zu halten, welchen Schläger man nimmt, du hast überhaupt keine Ahnung. Die Entfernung zum Grün – das ist das wunderschön gepflegte Rasenstück rund um das Loch, wo du eigentlich den Ball hinschlagen solltest, beträgt 210 Meter, wie du aus dieser Skizze ersehen kannst. Der Damenabschlag befindet sich da vorne, die rote Kugel. Da gehst du gleich hin, wenn du dran bist, ja? Und ich nehme jetzt meinen Schläger und erwarte RUHE!«

Otto grinste, verkniff es sich jedoch sofort, als er die Zornesfalte auf Günthers Stirn sah.

Er beobachtete, wie Günther den Golfball auf das Tee legte, sich auf die Entfernung zum Grün konzentrierte. Warum er sich trotzdem Zeit für Gerda nahm, war ihm ein Rätsel. »Sieh zu. Man stellt sich parallel zum Loch, Füße schulterbreit auseinander, Knie leicht gebeugt. Rechter Arm gestreckt, linker in diesem Winkel. Augen aufs Ziel, bevor du schlägst, dann Blick auf den Ball, den du nicht mehr aus den Augen lässt. Du holst Schwung, denkst an die Drehung deiner Füße, alles geht ineinander über, und du lässt den Arm einfach fallen, bis der Schlägerkopf den Ball trifft. Immer noch den Ball im Blick. Im Idealfall ist er nun nah der Fahne. So wie jetzt.«

Günthers Schlag war beeindruckend und der Ball landete drei Meter entfernt vom Loch. Otto verneigte sich vor ihm. »Danke«, sagte er leise und erntete ein Nicken.

Nun war Ralf an der Reihe, Gerda zum Schluss, entgegen der Etikette. Es war Günthers Idee, damit Gerda sich noch etwas abgucken konnte. Dass es nach nur vier Löchern keiner mehr ertrug, ihr zuzusehen, verschwieg er.

»Jetzt bin ich an der Reihe«, rief sie und lächelte. Otto grinste gequält. Zu Günther flüsterte er: »Ich weiß, es ist gegen die Etikette, aber ich suche schon mal meinen Ball. Ich ertrage sie nicht, weiß nicht, wie ich das die restlichen Löcher aushalten soll.«

Gerda trat zum Damenabschlag. »Das ist ja gar nicht so weit,«, sagte sie und kicherte.

»Ich bring sie um«, meinte Otto.

»Du kriegst mildernde Umstände«, sagte Ralf, der Anwalt.

Gerdas Ball kullerte wieder nur 40 Meter über den Platz. »Zumindest stimmt die Richtung«, sagte Günther, »aber wir halten alle auf.«

Hinter ihnen wartete bereits das nächste Flight, und Günther und Ralf wurden zusehends nervöser. Sie gingen zum nächsten Loch und Otto verschlug den Ball ins Rough, nahe einem kleinen Buchenwald.

Gerda tröstete ihn und legte ihre Hand auf seine Schulter »Ist doch nicht so schlimm. Ich habe heute auch einen schlechten Tag. Aber der Gedanke ans Essen nachher hält mich aufrecht.«

Irgendetwas in ihm explodierte. Die Vorstellung, mit ihr den Saumagen, den Wurstsalat und die anderen Köstlichkeiten zu teilen, sich anhören zu müssen, dass sie viel besser kochen konnte, empörte ihn. Dazu kam noch ein anderes, ihm unbekanntes Gefühl. Er spürte Wut in sich aufsteigen.

Wie hatte er es all die Jahre mit ihr aushalten können?

Dabei wusste er die Antwort. Er hatte seinen Job gehabt, zu Hause hatte er ihre Reden und schlechten Kochkünste einfach ausblenden können. Doch jetzt hatte er Zeit, musste ihre Kommentare anhören, ihr Essen ertragen.

Er schloss die Augen. Als er sie wieder öffnete, hatte er einen Entschluss gefasst. »Fass mich nicht an. Lass mich in Ruhe. Sieh zu, dass du das hier irgendwie anständig über die Bühne bringst, und dann werde ich, und das verspreche ich dir, nie, nie wieder mit dir auf einen Golfplatz gehen. Ich werde nie wieder dein Essen runterschlingen, schon gar nicht deine Versuche, Pfälzisch zu kochen. Du kannst nicht kochen, bist keine gute Hausfrau. Stil und Geschmack sind dir fremd. Du redest nur hirnlosen Quatsch. Ich werde die Scheidung einreichen, ich werde ausziehen.«

Gerda wurde blass. Weiß wie die Wand drehte sie sich um und kämpfte mit den Tränen.

»Wieso sprichst du so mit mir? Ich habe dir doch gar nichts getan, ich bin doch ganz lieb zu dir, kümmere mich um alles. Was ist in dich gefahren? Aber ich wusste ja schon immer, dass deine Golffreunde einen schlechten Einfluss auf dich haben.«

Er seufzte erleichtert. Endlich hatte er es ausgesprochen. Scheidung. Es konnte so einfach sein. Er bog nach rechts, irgendwo hier musste sein Ball sein. Er sah zu seinen Freunden. Gerda stand tatsächlich am Damenabschlag und sah lächerlich in ihrer karierten Hose aus. Etwas Weißes blitzte hervor und er bückte sich. Aber es war nicht sein Ball, er musste weitersuchen. Hochkonzentriert suchte er den Boden ab.

Gerda kochte vor Wut, sah ihm fassungslos nach, wie er einfach ging. Wie durch einen Nebel nahm sie Günthers Ratschläge wahr, ihre Bewegungen liefen automatisch ab. Sie sah ihren Mann, ihren Otto, wie er bei den Büschen seinen Ball suchte. Sicherlich gab er ihr die Schuld, dass er heute so schlecht spielte. War ja typisch für ihn, schuld waren immer die anderen. Wie albern er aussah mit seiner Halbglatze und seinen steifen Bewegungen. Ein alter Mann, der seine besten Zeiten hinter sich hatte. Sie war ihm in all den Jahren eine gute Ehefrau gewesen. Sie stellte sich hin, legte sich den Ball zurecht, ließ Otto jedoch nicht aus den Augen.

Das tat er ihr an? Das war ungeheuerlich, die besten Jahre ihres Lebens hatte sie ihm geschenkt, und jetzt wollte er sie abservieren? Was bildete er sich ein, sie so in der Öffentlichkeit zu beschimpfen? Wo war ihr Otto geblieben, den sie liebte? Hatte sie sich in all den Jahren etwas vorgemacht? Wieso hatte sie all die Jahre an dem perfekten Saumagen- und Wurstsalatrezept gearbeitet, geübt, den Ekel überwunden, wenn sie in der Metzgerei den Schweinemagen kaufte oder die Fleischwurst in schmale Streifen schnitt? Bloß um ihm eine Freude zu bereiten. Und wie dankte er es ihr?

Sie schloss die Augen. Holte Luft und konzentrierte sich.

Augen auf, gestreckte Arme, leichte Beugung des linken Armes, Schwung holen. Es fühlte sich gut an, zum ersten Mal richtig leicht. Der Fuß drehte sich perfekt. Ihr Körper war eins mit dem Schwung. Ihr Trainer wäre stolz auf sie gewesen.

Der Schlägerkopf traf den Ball und es klang gut.

Sie würde es aufgeben. Golf war nicht ihr Sport. Von Otto würde sie sich trennen. Die Hälfte vom gemeinsamen Vermögen stand ihr zu. Es würde gehen. Noch nie waren ihre Gedanken klarer.

Ein spitzer Schrei weckte sie aus ihren Tagträumereien. »Notarzt, sofort!«, hörte sie. »Unglaublich. Das darf nicht wahr sein.«

Sie öffnete die Augen. Sie hatte getroffen, nicht das Grün, schon gar nicht das Loch.

Aber Otto. Am Kopf, unglücklich an der Schläfe. Er war augenblicklich tot.

Nie wieder Saumagen und Wurstsalat, dachte sie und atmete tief durch.

Pfälzer Wurstsalat

Zutaten:
1.5 kg Fleischwurst
1/2 Glas Gewürzgurken
1 1/2 rote Paprika
2 große Zwiebeln
1/2 Bund Schnittlauch
5 EL   Wasser
5 EL Rapsöl
3 EL Kräuteressig
1/2 EL Senfkörner
1 EL Senf, mittelscharf
Meersalz
schwarzer Pfeffer, frisch
Gurkenflüssigkeit

Zubereitung:
Für das Dressing das Wasser mit Essig, Gurkenflüssigkeit und Öl mit dem Senf verrühren. Die Senfkörner zerstoßen und zusammen mit Pfeffer und Meersalz untermischen. Dressing erst einmal beiseitestellen.
Die Zwiebeln schälen und in feine Ringe schneiden. Mit dem klein gehackten Schnittlauch vermengen. Die Wurst in feine, schmale Streifen schneiden. Gewürzgurken und Paprika in Würfel oder schmale Streifen schneiden.
Die Zutaten in eine große Schüssel geben und mit dem Dressing übergießen. Gut umrühren, kühl stellen und eine Stunde durchziehen lassen. Vor dem Verzehr alles noch einmal gut durchrühren, eventuell mit Salz und Pfeffer abschmecken und dann servieren.
Dazu passen wunderbar Pommes.

HARALD SCHNEIDER

Der Chef ist tot

LUDWIGSHAFEN

Nein, man kann wirklich nichts Schlechtes über meinen Chef sagen. Er ist schon schwer in Ordnung. Schade, dass er gleich sterben muss. Zwei Stunden vor der Preisverleihung wird es passieren.

Ich arbeite in Ludwigshafen in einem Wirtschaftsförderungsunternehmen als kaufmännischer Leiter. Wir bieten unsere Dienstleistungen Kommunen, Landkreisen sowie regionalen Wirtschaftsunternehmen an und machen Werbung für die ganze Region.

Ab morgen haben wir allerdings keinen Geschäftsführer mehr. Weil ich ihn töten werde.

Der große Saal ist bereits feierlich geschmückt, wie es sich zur Eröffnung der Pfälzer Kartoffelwoche gehört, einer Erfindung unseres Unternehmens. Heute Abend findet an diesem Ort die Preisverleihung des Kartoffelkrimis statt, ebenfalls eine Erfindung von uns.

Bevor die öffentliche Veranstaltung mit zahlreichen Prominenten beginnt, feiern wir am Nachmittag unser Betriebsfest, das anschließend nahtlos in die offizielle Veranstaltung übergeht.

Unser Chef hat sich dieses Jahr wieder etwas Besonderes einfallen lassen. Neben dem großartigen Ambiente hat er als Kartoffelknollen verkleidete Bedienungen engagiert. Ein Caterer wird erlesene Genüsse auffahren, die alle mit Grumbeere zu tun haben, wie man in der Pfalz die Kartoffeln nennt. Zunächst wird der Chef allerdings wie jedes Jahr eine lange, von allen gefürchtete Rede halten und das vergangene Jahr verbal in sämtlichen Einzelheiten Revue passieren lassen. Wie sich dabei allerdings jemand konzentrieren soll, wenn einem die ganze Zeit die herrlichen Düfte durch die Nase ziehen, davon hat er noch nie auch nur eine Silbe erwähnt.

Sei's drum. Nach der Rede findet während des Essens die jährliche Firmenverlosung statt. Die Organisation derselben wird von mir durchgeführt. Alle Geschenke, die unser Chef von Kunden und Förderern erhalten hat, stiftet er jedes Jahr für eine Tombola. Eine ansehnliche Geste von ihm. Dieses Mal sind neben den obligatorischen Weinpräsenten, Spirituosen und anderen Getränken auch Radiowecker, Bildbände und weitere wertvolle Geschenke dabei. Sogar ein Geschenkkarton mit Tsingtao, einem chinesischem Bier, ist dieses Mal dabei.

»Da hat ein Kunde wohl gewusst, dass das meine Lieblingsmarke ist«, sagte mir vorgestern mein Chef. Trotzdem stiftete er es für die Verlosung. Im Gegenzug habe ich mir ebenfalls etwas Besonderes einfallen lassen. Die Tombolapreise werden nicht einfach verlost, sondern müssen bei einem Quiz gewonnen werden.

Dabei werde ich meinen Chef töten. Niemand wird es jemals erfahren.

Inzwischen sind alle Kolleginnen und Kollegen in der Halle eingetroffen. Ich schließe die Flügel der großen Eingangstür und gebe dem Geschäftsführer ein Zeichen. Derselbige steht auf und beginnt mit seiner Rede, bei der wohl, wie jedes Jahr, niemand zuhören wird.

Ich weiß, es war nicht rechtens, dass ich mich an den verschiedenen Fördertöpfen selbst bedient habe. Es war aber auch zu verlockend. Ich konnte mein Gehalt der letzten beiden Jahre in etwa vervierfachen. Klar, es wurde immer mehr, ich weiß auch nicht, welcher Teufel mich da geritten hatte. Irgendwann musste das ja jemandem auffallen. Jetzt ist es passiert. Letzte Woche berichtete mir mein Chef, dass er große Differenzen in der Buchhaltung vermutet und er auch schon einen Verdacht habe. Dabei schaute er mich so komisch an. Ob er etwas ahnt? Jedenfalls will er nächste Woche eine Sonderprüfung beauftragen. Das muss ich natürlich unbedingt verhindern. Meine Zukunft steht auf dem Spiel. Ich werde ihn töten müssen.

Inzwischen ist auch der Monolog des Toten in spe beendet. Alle Mitarbeiter applaudieren pflichtbewusst, auch ich. Inhaltlich habe ich kein Wort mitgekriegt. Da kommen auch schon die lebenden Kartoffeln und verteilen das Essen. Etwas ungelenk sind sie schon, die Bedienungen. Das wird wohl an ihrer wuchtigen Verkleidung liegen, vermute ich.

Gestern habe ich das Quiz vorbereitet. Die Geschenke, die zu dem Zeitpunkt im Lager neben meinem Büro standen, habe ich nummeriert und zu jedem Preis auf einem Zettel eine Frage notiert. Dazu ziehe ich nachher per Zufall die Namen der Anwesenden aus einem Hut. Bis auf einen. Den habe ich in meinem Ärmel stecken.

Gleich geht's los mit dem Quiz. Ich bin ziemlich nervös, ohne Frage. Es ist für mich schließlich keine alltägliche Situation, den eigenen Chef beseitigen zu müssen.

Alle sind noch fleißig mit ihrem Nachtisch beschäftigt. Ich stehe auf und gehe zu dem Tisch, auf dem die Preise dekorativ aufgestellt sind. Ich erkläre den Anwesenden die Spielregeln, wofür ich wohlwollenden Beifall erhalte.

»Wir fangen mit diesem wunderschönen Radiowecker an«, rufe ich in den Saal und ziehe dabei einen Namen aus dem Hut. »Unsere Auszubildende Vera kann das Gerät gewinnen.«

Ich suche auf meinem Blatt die entsprechende Frage für den Radiowecker heraus. »Wie lautet der lateinische Name der Kartoffel?«

»Ist doch klar. Solanum tuberosum!«

»Bravo, komm her und hol dir den Preis ab.«

Die Kollegen klatschen, obwohl man einigen genau ansieht, dass sie den Wecker selbst gerne gewonnen hätten.

Je weiter das Quiz fortschreitet, desto unruhiger werde ich. Bei manchen Fragen muss ich weitere Namen ziehen, bis die Frage richtig beantwortet wird.

Ich atme noch einmal kräftig durch – jetzt fällt die Entscheidung. Ich halte den Geschenkkarton mit dem chinesischen Tsingtao hoch und ziehe gleichzeitig einen Namen aus dem Hut. In Wirklichkeit lasse ich den vorbereiteten Zettel aus meinem Ärmel rutschen.

»Was für ein Zufall«, lese ich lachend vor. »Ausgerechnet unser Chef hat nun die Riesenchance, sein Lieblingsgetränk zu gewinnen.«

Nun werde ich die Frage stellen. Klar, dass ich sichergestellt habe, dass er sie auch beantworten kann. »Wie lautete der frühere Name von Sri Lanka?«

Unser Chef steht auf. »Da muss ich nicht erst nachdenken, das weiß ich mit Bestimmtheit. Früher hieß das Land Ceylon.«

Zur Bestätigung der richtigen Antwort klatsche ich in die Hände und alle stimmen ein. Der Chef kommt zu mir und bedankt sich. Zusammen mit seinen chinesischen Flaschen geht er zurück zu seinem Platz. Doch er setzt sich nicht hin, sondern ruft mit lauter Stimme, so dass es jeder im Saal hören kann: »Am besten ist es, wenn ich mir gleich eine Flasche Tsingtao genehmige, oder?«

»Tun Sie sich keinen Zwang an, Chef. Es ist Ihr Gewinn.«

Bald ist es vorbei mit ihm. Ich grinse in mich hinein. Gestern Abend habe ich im Büro die Flaschen vorsichtig geöffnet und den Inhalt mit einem kleinen Pülverchen verrührt, welches ich mir im letzten Urlaub in Taiwan besorgt hatte. Es war kein Problem, die Flaschen wieder ordentlich zu verschließen. Niemals wird ein Verdacht auf mich fallen, wenn mein Chef morgen früh nicht mehr aus seinem Bett aufsteht.

»Ich muss Sie enttäuschen«, höre ich da meinen Chef sagen. »Ich werde mich hüten, dieses Bier zu trinken.«

Entgeistert starre ich ihn an. Das gibt es doch nicht! Woher sollte er das wissen?

»Ich kann Ihre Gedanken lesen. Sie wollen wissen, woher ich von Ihren Absichten weiß? Ganz einfach. Ich erzählte Ihnen doch bereits von meiner Vermutung, dass sich jemand in unserem Unternehmen selbst bedient. Da habe ich über ein Detektivbüro eine Kamera installieren lassen. Es war interessant zu sehen, wie Sie gestern die Flaschen manipulierten.«

Mir zittern die Knie, ich bin kurz davor, in Ohnmacht zu fallen. Alles dreht sich um mich herum, ich kann keinen klaren Gedanken mehr fassen. Ich bekomme noch mit, wie die Kartoffelknollen ihre Masken abnehmen und mir Handschellen anlegen. Auch daran hatte mein Chef gedacht.

Spargelragout mit Pellissimo

Zutaten:
600 g Pellissimo
2 Bund grüner Spargel
1 Zwiebel, in Würfel geschnitten
1 Esslöffel Estragon, gehackt
300 ml Gemüse- oder Hühnerbrühe
1 EL Butter
Salz, Pfeffer

Zubereitung:
Die Kartoffeln gründlich waschen und in leicht gesalzenem Wasser fast weich kochen, abgießen, fünf Minuten ausdampfen lassen und in möglichst gleich große Stücke schneiden.

Vom Spargel zunächst das untere Drittel (den holzigen Teil) entfernen, den Rest bis auf die Spitzen in schräge, etwa eineinhalb Zentimeter dicke Scheiben schneiden. Nun die Zwiebel in der Butter anschwitzen, den Spargel hinzugeben, würzen, mit der Brühe auffüllen und etwa fünf Minuten köcheln lassen.

Zum Schluss die Pfälzer Pellissimo hinzugeben, mit Salz und Pfeffer nachschmecken und mit dem Estragon verfeinern. Noch ein kleiner Tipp: Für zusätzliche Raffinesse sorgt ein guter Spritzer Weißwein.

Pellissimo sind ganz junge, feinste Frühlingskartoffeln und schmecken am besten ungeschält. Weitere Informationen zu Pellissimo: http://pellissimo.de/rezepte.html

Rezept mit freundlicher Genehmigung der Pfälzischen Früh-, Speise- und Veredlungskartoffel-Erzeugergemeinschaft w.V. (Erzeugergemeinschaft Pfälzer Grumbeere)

LILO BEIL

Lottis Festmahl

LUDWIGSHAFEN

Alles begann mit dem Buch, das Lotti beim Herumstöbern in einem kleinen Ludwigshafener Buchladen fand.

Heute gibt es diesen Buchladen leider nicht mehr. Dem Ungeist der Zeit entsprechend ist das heimelige, gemütliche, auf liebenswerte Weise chaotische Lädchen mittlerweile einem Online-Shop gewichen.

Im Schaufenster, früher von der Buchhändlerin mit allerlei Kleinantiquitäten wie zum Beispiel Kerzenleuchtern und Buttermodeln geschmackvoll dekoriert, waren nun Computer wie Soldaten nebeneinander in Reih und Glied aufgestellt.

Ein Zufall hatte Lotti in jenen Buchladen geführt, genauer gesagt ein Irrtum.

In der Auslage der Modeboutique Dolores – es war eine Boutique für vollschlanke Damen – war ihr ein rosaroter Blazer aufgefallen. Rosa war ihre Lieblingsfarbe, was ihre einst beste Freundin Edeltraud zu der Bemerkung veranlasst hatte, diese Farbe passe doch blendend zu ihr und unterstreiche das Schweinchenhafte ihrer Erscheinung. Diese taktvolle Bemerkung war der Schlussstrich unter der Freundschaft Lotti – Edeltraud gewesen.

Seitdem fühlte sich Lotti einsam, denn Edeltraud war nicht nur ihre beste, sondern auch ihre einzige Freundin gewesen.

Alle Versuche, das andere Geschlecht auf sich aufmerksam zu machen, scheiterten kläglich, da Lotti schlicht und einfach nicht dem gängigen Modetyp entsprach. Von Kopf bis Fuß auf Rosa eingestellt, mit rosa Plastikhandtäschchen bis zum rosafarbenen Ohrgehänge, dazu hellrosa Lippenstift und Nagellack in Lottis Lieblingsfarbe, onduliert und füllig, kam sie daher wie ein Relikt aus den 60er-Jahren.

Ein Irrtum, ein Zufall also führte Lotti in das besagte Buchgeschäft und zu dem Buch, das ihrem Leben eine völlig andere Richtung geben sollte. Oder war es doch kein Zufall?

Später, als alles vorbei war, gab Lotti die Theorie des Zufalls auf. Schicksalhafte Bestimmung war es, die Lottis Blicke auf das Buch »Heidelberger Schloss: Sagen und Geschichten« lenkte und sie die Story auf Seite 30 aufschlagen ließ. Das Kapitel hieß »Liselotte von der Pfalz und der Specksalat«.

Lotti setzte sich mit dem Buch in eine Nische, die, von der Buchhändlerin mit einem Plüschsofa ausgestattet, dazu einlud, es sich darauf gemütlich zu machen. Das Sofa war rosa, und die gemusterten Kissen variierten in den Farben blau, rosa und lila.

Die Heidelberger Prinzessin Liselotte war Lotti, der echten Pfälzerin, nicht unbekannt, doch eingehend hatte sie sich nie mit der berühmten Dame befasst.

Ein Spielfilm über das Leben von Liselotte von der Pfalz mit Heidelinde Weis in der Rolle von »Madame«, wie Liselotte in Versailles genannt wurde, und mit Harald Leipnitz als deren Ehemann Philippe von Orléans hatte nicht gerade dazu beigetragen, Lottis Interesse an der historischen Dame zu wecken. Mit einer so dünnen Prinzessin, wie Heidelinde Weis sie verkörperte, konnte sie sich keineswegs identifizieren.

Die Story mit dem Specksalat ließ Lotti vor Vergnügen laut auflachen: Hatte da das zwölfjährige Mädchen Liselotte doch tatsächlich ihren Drachen von Gouvernante, die ungeliebte Ursula Kolb von Wartenberg, genannt die »Kolbin«, ausgetrickst und heimlich von dem begehrten Specksalat genascht.

Ein Feuer unten in der Stadt war ausgebrochen, und vor Schreck warf Liselotte den silbernen Teller samt Inhalt aus dem Fenster des Schlosses. Als man sie fragte, wovon ihre Lippen denn so glänzend waren, log sie: »Das ist eine ganz spezielle Mundpomade.«

Liselottes Vater, der Kurfürst Karl Ludwig, erriet jedoch gleich, welcher Art diese Mundpomade war, und sagte darauf nur: »Ihr seid schmutzig!«

Ach, dachte Lotti beim Lesen, diese Prinzessin war keine Kostverächterin gewesen. Ihr kamen allmählich Zweifel an der Wahrhaftigkeit der Liselotte-Darstellung in dem alten Film aus dem Jahr 1966.

Sie fragte die Buchhändlerin, ob es denn außer diesem Buch noch andere Liselotte-Lektüre gab. Die freundliche Dame führte die Kundin zu einem Regal und sagte mit einer ausladenden Geste: »All dies handelt von Madame. Fangen Sie am besten doch mit den Briefen an, es muss ja nicht die dickste Ausgabe sein.«

Lotti schwirrte der Kopf: Da standen etwa 20 Bücher, alle zum Thema Liselotte von der Pfalz. Sie kaufte neben einer Briefe-Ausgabe auf Anraten der Buchhändlerin noch eine Biografie.

»Hier«, sagte die Buchhändlerin und überreichte an der Kasse Lotti das Buch über die »Sagen und Geschichten des Heidelberger Schlosses«. »Dies hier schenke ich Ihnen.«

Mit diesem Präsent hatte die kluge Buchhändlerin eine Stammkundin für die Zukunft gewonnen.

Wie die bekannte Raupe Nimmersatt aus dem Kinderbuchklassiker, die sich durch die Buchseiten hindurch fraß, las sich Lotti durch die Liselotte-Lektüre hindurch. Auf die Briefe folgten einige Biografien. Die Darstellungen der Pfälzer Prinzessin und späteren Herzogin am Hofe von Versailles durch die Biografen Arlette Lebigre und Dirk van der Cruysse fesselten Lotti am meisten. Sie besuchte das Speyerer Museum und stand lange vor dem Gemälde von Pierre Mignard, worauf Lottis geliebte Prinzessin als noch nicht sehr mollige und recht hübsche junge Dame dargestellt ist. Das Altersporträt mit den von Liselotte in Selbstironie beschriebenen Hängebacken, dem schlaffen Kinn und der üppig alternden Gestalt sah Lotti als Vorschau auf ihre eigene Zukunft an.

Obwohl sie erst Mitte 40 war, fand sie sich selbstkritisch wieder in diesem wenig schmeichelhaften, wohl eher realistischen Gemälde von Hyazinthe Rigaud.

Lotti begann, sich nach und nach mit ihrer Namensbase aus dem Barock zu identifizieren. Ja, Namensbase: Sie bekannte sich zum ersten Mal im Leben zu ihrem eigentlichen Namen Liselotte, der ihr bis dato altmodisch und daher fast peinlich erschienen war.

Sie lernte nach dem Museumsbesuch in Speyer in einem kleinen Café einen netten Mann kennen, mit dem sie sich lange unterhielt und der sie einlud, den Kaffeeplausch eine Woche später im gleichen Café zu wiederholen.

Lotti, die mit einer scharfen Beobachtungsgabe ausgestattet war, erschrak jedoch bis ins Mark, als sie bemerkte, wie ihr netter Bekannter dem ausgesprochen gut aussehenden jungen Kellner, einem fast mädchenhaft wirkenden polnischen blonden Migranten, mit verliebten Blicken hinterher sah.

So muss mein historisches Double sich gefühlt haben, dachte Lotti, wenn ihr Gatte Philippe d' Orléans, den alle nur »Monsieur« nannten, seine hübschen Kammerherren und Pagen mit den Augen verschlang. Und nicht nur mit den Augen. Sie fühlte Madames

Qualen mit, getrennt durch mehr als 300 Jahrhunderte.

Sie verzichtete darauf, dass der nette Bekannte ihre Rechnung bezahlte, und unter einem Vorwand verabschiedete sie sich eilig, bevor ein weiteres Rendezvous konkret ausgemacht werden konnte.

Draußen angekommen, warf sie noch einen Blick ins Innere des Cafés. Der nette Bekannte winkte den blonden Kellner herbei und schäkerte ungeniert mit ihm.

War es wieder ein Zufall, dass Lotti zwei Wochen später in einem überfüllten Ludwigshafener Café den einzig freien Platz an einem kleinen Bistrotisch fand, an dem ein älterer Herr saß, vertieft in seine Zeitung?

Als Lotti ihren obligaten Milchkaffee und ein Stück Himbeersahnetorte bestellt hatte, zog sie ihr Buch heraus. Es handelte, wie sollte es auch anders sein, von Liselotte von der Pfalz.

Sie merkte plötzlich, dass jemand sie musterte. Es war ihr Tischnachbar, der inzwischen seine Zeitung aus der Hand gelegt hatte. Lotti wurde etwas verlegen und bemühte sich, nicht rot zu werden, was jedoch das Gegenteil bewirkte. Sie wurde nervös, das Buch in ihrer Hand zitterte ein wenig, ein Zettel fiel aus dem Buch und auf den Boden. Ihr Gegenüber bückte sich schnell, nahm den Zettel und las laut: Liselottes Krautsalat-Rezept.

Er stutzte. »Ach, sind Sie etwa auch ein Liselotte-Fan? Dann sind wir schon zu zweit.«

Er stellte sich als Detlev Proll vor, Oberstudienrat im Ruhestand. Er war ein ehemaliger Geschichtslehrer und hatte sich auf die Barockzeit spezialisiert mit Schwerpunkt Pfälzer Erbfolgekrieg und natürlich mit Liselotte von der Pfalz als der herausragenden Persönlichkeit dieser interessanten Epoche.

Seine Begeisterung für das Sujet hatte ihm Beschwerden der Elternschaft eingebracht, denn das Wissen der Schüler bezüglich der Folgeepochen stagnierte, ja war gleich null. In Prüfungen hielten sie Bismarck für den Erfinder des Bismarckherings, Napoleon für einen Cognacfabrikanten, und Königin Elizabeth II. von England verwechselten sie mit Liselottes Großmutter Elizabeth aus dem Hause Stuart, der sogenannten Winterkönigin.

Sowieso mit einem schwachen Herz ausgestattet, musste Detlev Proll sich vorzeitig in Ruhestand begeben, da er infolge der Angriffe von allen Seiten zwei Herzinfarkte hintereinander erlitt und nur knapp überlebte. Lotti outete sich nun ebenfalls als glühende Verehrerin von Madame und als Autodidaktin in Sachen Barock und pfälzischer Geschichte.

Der intensive Gedankenaustausch zweier verwandter Seelen endete schließlich mit einer Einladung fürs nächste Wochenende. Detlev Proll, der seiner Liselotte-Obsession zum Trotz noch niemals den berühmten Krautsalat gekostet hatte, würde bei Lotti dieses köstliche Gericht serviert bekommen.

Lotti, die nun schon seit vielen Jahren Einsame und ihres unfreiwilligen Alleinseins schon lange überdrüssig, beschloss nun, alle Register ihres Könnens zu ziehen und den Abend nicht nur zu einem kulinarischen Highlight, sondern zum Beginn einer Zukunft in trauter Zweisamkeit zu gestalten. Beide Barockexperten, Detlev Proll und Lotti, waren ja nicht nur Seelenverwandte, nein, auch beider Gestalt entsprach durchaus dem Schönheitsideal des 17. Jahrhunderts. Eine Voraussetzung, wie geschaffen für eine dauerhafte Beziehung, eine Beziehung bis in den Tod.

Da war ihr »Single mit Niveau«, von dem die Werbung des Online-Dating-Instituts sprach – eine Methode der Partnersuche übrigens, die Lotti zutiefst verabscheute.

All das ging eine Woche später durch ihren Kopf, als sie liebevoll den Weißkohl nahm, die äußeren Blätter vom Kohl löste, den Kohlkopf zuerst halbierte, dann viertelte und wusch.

Liebevolle Gedanken beseelten sie auch, als sie die Viertel bis auf den Strunk fein hobelte, die Kohlstreifen fünf Minuten in einem Liter siedendem Salzwasser blanchierte und in ein Sieb abgoss. In Vorfreude auf den Abend voll Harmonie rührte sie Essig, Pfeffer, Salz und Zucker zu einer Marinade und mischte die noch warmen Kohlstreifen gut mit der Marinade.

Mit Tränen der Rührung über die schicksalhafte Fügung, endlich einem ebenbürtigen Partner begegnet zu sein, den sie mit Liselotte-Krautsalat verwöhnen konnte, schnitt sie Speck in Würfel und briet diese kross aus. Dann mischte sie die heißen Speckwürfel unter den Salat. Liselottes Krautsalat war fertig.

Die Klöße siedeten ihrer Vollendung entgegen. Auf das Spanferkel hatten beide, Detlev und Lotti, bekennende Tierfreunde und daher Beinahe-Vegetarier, in vorheriger Absprache einhellig verzichtet. Die Speckwürfel waren ein Zugeständnis an Liselotte von der Pfalz. Schließlich lautete das Rezept ja auch »Liselottes Krautsalat«, nicht »Liselottes Specksalat«.

Der Tisch war geschmackvoll gedeckt, die Kerzen in den hübschen Kandelabern waren angezündet. Es erklang dezente Barockmusik. Nun fehlte nur noch der Gast.

Als Detlev Proll nach zwei Stunden immer noch nicht erschienen war, die Klöße zerfielen und der Krautsalat langsam und wenig ansehnlich in der Schüssel versank, beschloss Lotti, mittlerweile in großem seelischem Aufruhr, bei der Polizei anzurufen.

Beim Wählen stutzte sie.

Sie kannte die Adresse ihres Verehrers gar nicht. Detlev Proll hatte ihr nur gesagt, er wohne »in einem idyllischen Dorf an der Weinstraße«. Tränenblind setzte sie sich aufs Sofa, da fiel ihr Blick auf die *Rheinpfalz.*

Lotti war den ganzen Tag noch nicht dazu gekommen, die Tageszeitung zu lesen: Einkaufen, Putzen, die Wohnung nett herrichten, dann vor allem die Kocherei, all das hatte ihre ganze Zeit beansprucht. Lotti blätterte hastig.

Einem ersten Impuls nachgebend, suchte sie zuerst die Seite mit den Todesanzeigen. Tränenblind las Lotti den hübsch gestalteten Nachruf auf einen lieben Ehemann, Vater, Opa, Bruder, Schwager und Schwiegervater.

Detlev   Proll,   geboren   8.6.1949,   verstorben 28.9.2015.

Dann ein langer Rattenschwanz von Namen trauernder Hinterbliebener. Ehefrau Hannelore, vier Kinder, acht Enkel ... Schniefend wollte Lotti die Zeitung zur Seite legen, als sie noch einmal den Namen des Verstorbenen las. Sie hatte sich verlesen. Der Tote hieß nicht Proll, sondern Prohl. Das musste wohl ein anderer Mann gewesen sein. Also doch kein Schwindler mit einem Doppelleben.

Ihr Detlev Proll war nicht tot. Aber warum war er nicht zum Krautsalatessen erschienen?

Gedankenverloren blätterte Lotti die Zeitung durch und war gerade dabei, sie in den Korb zu legen, als eine Schlagzeile ihr entgegensprang. »Lange gesuchter Heiratsschwindler tot aufgefunden.«

Darunter ein Foto. Es war unverkennbar ER. In seiner Gimmeldinger Wohnung war der seit längerer Zeit gesuchte und untergetauchte Heiratsschwindler Harald Käfer, grauenhaft mit einem Küchenmesser erdolcht, entdeckt worden. Käfer gab sich unter mehreren Decknamen alleinstehenden Frauen als pensionierter Oberstudienrat, als »Single mit Niveau« aus. Elfriede R., eins seiner Betrugsopfer und in Dürkheim wohnend, wurde von Hausbewohnern des Toten eindeutig als Täterin enttarnt. Sie gestand nach einem intensiven Verhör schließlich, aus enttäuschter Liebe und im Affekt gehandelt zu haben.

Ach, dachte Lotti, wie leicht hätte ich zur Mörderin werden können. Elfriede R. tat ihr leid. Sie fühlte sich der unbekannten Frau verbunden. Sorgfältig faltete sie die Zeitung zusammen und legte sie in den Korb. Dann nahm sie die Schüssel mit dem Krautsalat, ging zum Fenster, öffnete es.

Mit lautem Geschepper landete das Geschirr mit der köstlichen Speise auf dem Trottoir.

Des einen Leid ist des andern Freud, sagt ein bekanntes Sprichwort. Ein herrenloser Hund kam aus dem Dunkel gelaufen, stürzte sich auf den Krautsalat und verschlang alles im Nu.

Lotti eilte die Treppe hinab, in der linken Hand den Teller mit Knödeln. Sie stellte den Teller in den Hauseingang, öffnete die Haustür. Der kleine Hund kam in den Flur gelaufen, vertilgte gierig die halb zerfallenen Klöße.

Lotti beugte sich zu dem Hund hinab, streichelte ihn, nahm den leeren Teller hoch. Das Tierchen folgte ihr die Treppe hinauf in die Wohnung und sprang aufs Sofa, als ob es schon ewig hier wohnen würde.

Lotti und ihr lieber Hund sind unzertrennlich. Er heißt Melli, frei nach Mélac, dem blutrünstigen und sadistischen französischen General, der 1689 auf Geheiß von Ludwig XIV. die links- und die rechtrheinische Pfalz zerstörte.

Lotti und Melli. Liselotte von der Pfalz hätte ihre Freude an den beiden gehabt, hieß doch einer ihrer Wahlsprüche: Hunde sind die besten und die treuesten Menschen.

Krautsalat (Specksalat) à la Liselotte von der Pfalz

Zutaten:
ca. 500 g Weißkohl
2 EL Essig
Salz und Pfeffer aus der Mühle
1 Prise Zucker
50 g Rauchspeck

Zubereitung:
Die äußeren Blätter vom Kohl lösen, den Kohlkopf erst halbieren, dann vierteln und waschen. Die Viertel bis auf den Strunk fein hobeln. Kohlstreifen fünf Minuten in einem Liter siedendem Salzwasser blanchieren und in ein Sieb abgießen.
Essig, Pfeffer, Salz und Zucker zu einer Marinade rühren. Die blanchierten, noch warmen Kohlstreifen gut mit der Marinade mischen.
Den Speck in Würfel schneiden und kross ausbraten. Heiße Speckwürfel untermischen und den Salat lauwarm servieren.
Tipp: Kann auch mit Spitzkohl zubereitet werden.

KERSTIN LANGE

Liebesschwur

Trifels

Sie ist schön. Manche Schönheit vergeht, ihre nicht. Bei ihr ist alles anders. Ihre Blicke sehen nicht an ihm vorbei, sondern treffen ihn. Mitten ins Herz. Er kennt sie seit Kindertagen. Seit damals mag er sie, obwohl sie ein Mädchen ist. Sie hat nie genervt, hat schon immer gewusst, wann Zeit zu reden, wann Zeit zu schweigen ist. Eine Eigenschaft, die nicht viele besitzen. Schweigen, gemeinsames Schweigen, ist eine Erfahrung, die er mit den wenigsten Menschen teilen kann.

Seit seiner Geburt lebt er in dem kleinen Dorf unterhalb des Trifels. Er liebt die Stille in den Wäldern, wenn er dort herumläuft. Am liebsten im Spätherbst, wenn die Touristen weniger werden und er sich vorstellt, er sei Richard Löwenherz, der tapfere König, gefangen von seinen Feinden, eingesperrt in der Fremde und doch nie den Mut verlierend.

Sein Gefängnis ist sein Zuhause, seine Mutter, sein Vater.

Sein Vater ist krank, hat die Autowerkstatt aufgeben müssen. Das Geld ist knapp, der Garten groß. Obst und Gemüse werden selbst angebaut, im Frühjahr hilft er der Mutter, Bärlauch zu finden, im Herbst suchen sie Pilze und sammeln Keschde.

»Die Natur sorgt für uns«, ist ihr Lieblingsspruch, aber irgendwann hat er aufgehört, ihr zuzuhören. Weil sie immer redet. Sie wacht auf und spricht. Sie kommentiert das Anstellen der Kaffeemaschine, das Schmieren der Schulbrote für ihn, das Waschen seines

Vaters am Morgen. Vater kann nicht antworten, nur manchmal grunzt er oder gibt andere Geräusche von sich. Immer öfter denkt er, Vater verwandelt sich, wird immer weniger Mensch, immer mehr Tier. Ein Fuchs vielleicht, auch die riechen extrem, und Vaters beißenden Geruch kann Mutter nicht wegreden. Die Bett- und Nachtwäsche landet in der Waschmaschine, doch der Geruch bleibt, setzt sich in den Gardinen, Kissen und selbst der Tapete fest. Da helfen nur die Spaziergänge und – das Mädchen.

Nicht nur ihr Schweigen gefällt ihm, auch ihr Duft. Sie riecht so unverbraucht, so unschuldig. Wenn er Vaters Geruch und Mutters Reden nicht mehr aushält, dann schließt er die Augen, sieht sie vor sich, riecht ihr Haar. Dann weiß er, dass sie zusammengehören, und irgendwann wird sie seine Prinzessin.

Auch sie hat einen Vater, der krank ist. Anders als seiner. Er kann reden, er lamentiert den ganzen Tag über sein Schicksal, wie ungerecht es ihm mitgespielt hat. Schuld sind die anderen, wenn der andere Autofahrer aufgepasst hätte … Kein Wort über den Alkohol, den er den ganzen Tag getrunken hat, bevor er sich hinter das Steuer setzte. Wie viel Glück er hatte, sagen die Dörfler, mit einer Beinprothese kann man zurechtkommen. Doch seine Mutter sagt, ein Glück wäre es gewesen, wenn er gestorben wäre. Dann hätte die Lebensversicherung gezahlt. Jetzt haben die Frau und die Tochter einen Nichtnutz im Haus, der nur Ärger und kein Geld bringt und in der eigenen Kneipe der beste Kunde ist.

Dass das Mädchen und er viele Gemeinsamkeiten haben, hat er früh verstanden, das mit der Lebensversicherung erst viel später.

Das Mädchen ist oft hinter der Theke und hilft der Mutter beim Bedienen. Oder steht in der Küche und kocht Kleinigkeiten. Sie redet auch hier nicht viel.

Manche Männer sagen, sie ist zurückgeblieben, scheinen aber nichts dagegen zu haben. Denn nach vielen Gläsern Bier ziehen sie sie auf ihren Schoß und machen Späße, über die nur sie lachen – das Mädchen bleibt stumm. Ihr Vater sagt, dass sie eine brave Tochter ist und tut, was man ihr sagt. Dann nimmt er sie in den Arm und führt sie aus dem Raum. Die Gäste geben ihm Geld in die Hand – lachend, lüstern – und folgen. Wenn das Mädchen dann wiederkommt, hat es sich verändert, ist umgeben von einer Aura von Traurigkeit und Hilflosigkeit, und der Duft der Unschuld ist verloren.

Er ist oft in der Kneipe und bestellt nur bei ihr. Dann leert er sein Glas auf ex, damit sie ihn bemerkt. Wenn sie ihn anlächelt, wird sein Herz warm und leicht.

Auf einmal weiß er, dass es so nicht weitergehen kann, dass er etwas ändern muss, dass er sie haben will. Für sich. Für immer.

Ein Freund hat die Autowerkstatt seines Vaters übernommen. Hier darf er helfen, wann immer es die Zeit erlaubt. Er kennt sich aus mit Motoren, Keilriemen und Bremsschläuchen.

Der Vater des Mädchens ist meist schon mittags betrunken, setzt sich trotzdem ins Auto und fährt in den nächsten Ort. Um weiterzutrinken. Und andere Geschäfte zu erledigen. Krumme, wie die Mutter sagt, während sie seinen Vater füttert. Er sei ein krummer Hund, ein Tunichtgut, warum ist er bei dem Autounfall nicht gestorben? Das wäre besser für alle, vor allem für die Tochter. Das Geld der Versicherung könnte sie gebrauchen. Sie redet weiter, wie sie es immer tut, und sein Vater grunzt.

Die Ohren mit den Händen zu verschließen, hilft nicht mehr, Mutters Worte erreichen seinen Verstand. Die Idee setzt sich fest, unmöglich, sie zu ignorieren.

Bremsschläuche sind manipulierbar und er kennt die besten Bärlauchplätze. Er weiß, wie gerne sich die Herbstzeitlose dazwischen sät, im Wald rund um den Trifels.

Das mit den Bremsschläuchen ist einfach.

Zur Beerdigung des Vaters des Mädchens kommt das ganze Dorf. Auch er. Er nimmt ihre Hand und drückt sie fest. Er sagt nicht: »Es tut mir leid«, sondern: »Es ist gut so.«

Sie schauen sich in die Augen. Sie weiß, sie möchte sich revanchieren, ihn glücklich machen. Nebeneinander gehen sie zum Leichenschmaus, er hat den Duft ihres Haares in seiner Nase, manchmal berührt seine Hand die ihre. Er ist zufrieden.

»Kennst du mein Bärlauchrisotto?«, fragt sie in die Stille.

Mehr Worte braucht es nicht.

Bärlauchrisotto

Zutaten:
ca. 40 g Bärlauch
2 Zwiebeln
2 EL Ölivenöl
150 ml Weißwein
250 g Risottoreis
700 ml Brühe
ca. 50 g Parmesan, gerieben

Zubereitung:
Den Bärlauch waschen, trocken schleudern und fein hacken. Die Zwiebeln schälen, fein würfeln und in Olivenöl glasig dünsten. Reis und Wein dazugeben und umrühren, bis der Wein aufgesogen wurde. Etwas Brühe dazugießen und weiterrühren, bis die Flüssigkeit verschwunden ist. Wiederholen, bis die Brühe aufgebraucht ist. Das dauert ungefähr 30 Minuten. Den Bärlauch unterrühren, aber ein paar Blätter für die Dekoration übrig lassen. Nun den Parmesan hineinmengen und mit Salz und Pfeffer abschmecken. Wenn das Risotto nicht schlotzig genug ist, noch etwas Butter unterrühren. Mit einigen Bärlauchblättern garnieren.

CLAUDIA SCHMID

Familienglück

MODENBACHTAL

Es war Martins Idee gewesen, hierher zu ziehen. Als ich zum ersten Mal schwanger wurde, sagte er, ein eigenes Haus wäre doch klasse. Eines mit Garten. Aber in Mannheim? Vergiss es, sagte er, viel zu teuer. Das können wir uns nicht leisten. Wir ziehen aufs Land. Er hat mich damit geködert, in der Nähe eines Baches zu wohnen. Der Modenbach zieht sich nämlich durch unser Tal. Der Werbespruch *wohnen, wo andere Urlaub machen* hat für mich längst einen Beigeschmack. Nicht genug, dass ich die Verwandtschaft meines Mannes, die seither in regelmäßigen Abständen bei uns einfällt, zu den Sehenswürdigkeiten des Tales – der Burgruine Meistersel und der Frankenburg – begleiten darf. Wir wohnen ja landschaftlich so herrlich und haben leichtsinnigerweise beim Bau unseres Hauses ein großzügiges Gästezimmer mit eingeplant. Selbstverständlich darf ich sie auch noch beköstigen. Aber ich will nicht ungerecht sein. Unsere Kinder, die fünfjährige Gabriella und der dreijährige Marvin, genießen es, viel Freiraum zu haben. Sie haben hier wirklich ein tolles Umfeld. Aber ich? Was ist mit meinem Freiraum? Mal eben zum Shoppen in die nächste Stadt zu fahren gleicht schon einem organisatorischen Kraftakt, denn meine Familie, die mich entlasten könnte, wohnt ebenfalls weiter weg.

Ein Blick auf die Uhr zeigt mir an, dass ich mich beeilen muss. Ich habe soeben Biskuitstangen in eine längliche Form gefüllt und bin dabei, sie mit Apfelbranntwein zu beträufeln. Heute ist der Namenstag meines

Mannes. Es ist eine ihm lieb gewordene Tradition, an diesem Tag seine gesamte Familie um sich zu haben und ein gemeinsames Festmahl einzunehmen. Den obligatorischen Nachtisch bereite ich einige Stunden vorher zu, damit er schön durchzieht. Martin fährt total ab auf meinen Apfeltraum. Wie viele Jahre gebe ich mir jetzt schon den Stress an diesem Tag? Immerhin hat er sich heute frei genommen und ist mit den beiden Kindern nach Landau gefahren, sodass ich in Ruhe alles vorbereiten kann. So sagt er. Zwei helfende Hände wären mir allerdings lieber gewesen.

Das laute Schrillen der Türglocke holt mich aus meinen Überlegungen. Wer mag das bloß sein? Ich erwarte doch niemanden. Gelegenheitsbesuch bekomme ich hier auch nie. Als ich die Tür aufziehe, steht ein ziemlich gut aussehender Mann, Typ Latin Lover, vor mir. Geschmeidig schlüpft er an mir vorbei in die Küche.

Mir verschlägt es die Sprache, was selten passiert. Ziemlich frech, der Kerl. Ich renne ihm hinterher. »He, was soll das?«

Doch er hat bereits seine riesige Tasche auf den Tisch gehoben und beginnt, sie auszuräumen. Fensterputzmittel, Fliesenreiniger, Schwamm und Bürste. O mein Gott, das es so was noch gibt! Erinnerungsfetzen an meine Kindheit flirren durch meinen Kopf. Damals waren noch des Öfteren Vertreter unterwegs und boten ihre Waren direkt an den Haustüren an. *Bräu im Wald* brachte Bier ins Haus und ein anderer freundlicher Herr, dem Tante Irmi zu Weihnachten seltsamerweise Socken strickte, regelmäßig Staubsaugerbeutel. Ich habe als Kind nie verstanden, weshalb sie ihn beschenkte und mich flink aus ihrer Wohnung schob, sobald er kam. Aber nun stehe ich vor der drängenden Frage, ob ein Vergangenheitsfetischist in mein Haus eingedrungen ist?

»Manuel, ich heiße Manuel.« Nun zieht er die Jacke aus. Unter seinem weißen T-Shirt zeichnen sich seine Muskeln überdeutlich ab. Am Hals blitzt ein kleines Tattoo in Form eines Schmetterlings.

Der Kerl sieht atemberaubend gut aus. Stammelnd bringe ich hervor: »Ich kaufe nichts. Außerdem …«

»Die Rechnung ist bereits bezahlt, keine Sorge.« Er grinst, fährt sich mit der Hand durch seine schwarzen kinnlangen Haare und streicht sie nach hinten. Dunkle Augen mustern mich eingehend. »Ich bin ein Geschenk.« Er legt die Jacke über eine der Stuhllehnen.

Mir verschlägt es beinahe die Sprache. »Ein was?!« Lieber Himmel, lass bitte nicht wahr werden, was mir jetzt durch den Kopf geht! Was ist, wenn mein Mann früher mit den Kindern heimkehrt? Oder ein weitaus schlimmeres Szenario: Meine Schwiegermutter kommt zu früh!

Doch bevor Manuel antworten kann, ertönt die Klingel erneut.

»Mira! Mein Schatz!« Eine aufdringlich geschminkte Frau schmeißt sich an mich und schmatzt zwei fette Küsse in die Luft neben meine Wangen.

O mein Gott! Eleonore Kleinmantel! »Wie kommst du denn hierher?« Zugegeben, diese Frage hätte durchaus origineller ausfallen können.

»Meine Liebe, selbstverständlich komme ich, ist doch klar. Sie hat mich eingeladen.«

Ich verstehe gar nichts. Eleonore war meine Freundin in Jugendjahren gewesen, irgendwann hatten wir uns aus den Augen verloren, worüber ich nicht gänzlich unglücklich war. »Die Gans!«

»Das meinst du jetzt nicht ernst!«

»Doch! Sie muss in den Ofen!« Hektisch wende ich mich ab.

In der Küche hantiert bereits Manuel. Er widmet sich soeben mit Hingabe dem Glas-Ceranfeld und bringt es auf Hochglanz. Derart geglänzt hatte es noch nicht mal, als es die Handwerker fabrikneu in unserer Küche eingebaut hatten.

Eleonore ist mir in die Küche gefolgt. »Möchtest du uns nicht bekannt machen?« Sie mustert Manuel mit offensichtlichem Wohlgefallen, was ein nagendes Gefühl in mir weckt. Hat sie mir nicht zu Schulzeiten schon immer die Jungs ausgespannt?

Mit vorwurfsvollem Unterton fügt sie hinzu: »Ich habe deinen Mann ja nie kennengelernt.«

Aus gutem Grund! Mir wird heiß. Wie soll ich ihr bloß die Situation erklären? Ich verstehe ja selbst nicht, was der Mann in meiner Küche macht. »Tratatatapäng-pängtratatatata.«

»Klingelt deine Fußfessel? Bist du auf Freigang?« Eleonores Witz ist noch immer unterirdisch schlecht. Manche Dinge ändern sich eben nie.

Ich greife nach meinem Telefon und fahre mit dem Mittelfinger über das Display. »Ja?«

»Ich bin's!«

Die Stimme meiner Schwester.

»Ist mein Geschenk angekommen?«

»Nee, die Post war noch nicht da.«

Meine Schwester lacht schallend. »Das kommt doch nicht mit der Post, meine Liebe. Ich habe dir einen Putzmann gebucht.«

»Du hast was?«

Manuel wedelt mit dem Lappen vor meiner Nase. »Ich habe es doch schon vorhin gesagt, ich bin ein Geschenk.«

»Bist du verrückt?«, fauche ins Telefon. »Du kannst mir doch nicht einfach fremde Männer ... und noch dazu am Namenstag meines Mannes!«

»Entspann dich, Schwesterchen. Ich will dir doch nur was Gutes tun. In diesem ganzen Stress ... du musst Manuel nur sagen, was er machen soll. Er kann dir auch die Gans zubereiten, die sich der Clan deines Mannes immer an diesem Tag wünscht. Also ehrlich, ich habe nie verstanden, weshalb du das immer so klaglos mitmachst. Aber dieses Jahr hast du es einfacher. Dank mir.« Sie lacht. Es klingt selbstzufrieden.

»Die mache ich schon selbst. Nach einem alten Familienrezept seiner Mutter.«

»Mit den Kastanien im ausgehöhlten Bauch der Gans? Ach Schätzchen, findest du das nicht auch ekelhaft, da drin herumzuwühlen? Lass ihn das doch machen. Der Mann fürs Grobe.« Sie lacht. Eine Spur zu laut. Wie sie es immer ist. »Dann kannst du in aller Ruhe deinen Apfeltraum vorbereiten. Von dem du mir immer noch nicht das Rezept verraten hast. Eigentlich sollte ich ja deshalb sauer auf dich sein. Immerhin sind wir Schwestern.«

Schon wieder schlägt die Haustürklingel an.

»Du, ich muss an die Tür. Bei mir ist Taubenschlagtag. Ausgerechnet heute, wo ich das überhaupt nicht gebrauchen kann.«

»Ich habe dir ein paar Leute eingeladen. Weshalb soll an diesem Tag immer nur die Familie deines Mannes zu euch kommen? Wir können doch alle zusammen feiern! Die gesamte Familie mit Freunden.«

Ich drücke das Gespräch weg. Ich habe schon gar nicht mehr richtig hingehört, denn ich muss jetzt wirklich dringend an die Tür. Derjenige, der da steht, hatte eben schon zum zweiten Mal die Klingel gedrückt.

»Nehmen Sie ein Paket für Ihre Nachbarn an? Die sind nicht da.«

»Die sind in der Karibik.«

»Da wäre ich jetzt auch gerne. Nehmen Sie das Paket nun?«

Aus der Küche dringt das Gurren Eleonores. Ich stelle das Paket im Flur ab. Wo bleibt Martin so lange mit unseren Kindern? Das Bett für seine Eltern im Gästezimmer ist noch nicht bezogen, das könnte er ruhig auch mal machen. Ob er Gabriella und Marvin wieder mit Junk-Food abfüllt, um sich bei ihnen einzuschmeicheln? Wie er sie überhaupt viel zu sehr verwöhnt. Ich kann dann unter der Woche seine Erziehungsfehlversuche wieder ausbügeln, während er in seinem Büro sitzt, von dem er heimkommt, wenn die Kinder bereits in ihren Betten liegen. Angeblich staut es sich beinahe täglich auf der Brücke über den Rhein. Aber da war doch noch was gewesen. Was hatte meine Schwester vorhin gesagt? Jetzt fällt es mir wieder ein und ich lehne mich an die Wand. Die hat mir ein paar Leute eingeladen! Ist die denn völlig durchgeknallt? Als ob ich nicht schon genug Arbeit am Hals hätte. Womöglich kommt meine exaltierte Schwester auch noch selbst? Habe ich das Wichtigste überhört? Meine Schwiegereltern Erika und Eberhard können sie nicht ausstehen. Und erst mein Schwager Kevin! Irgendwie ist dieser Namenstag doch der Feiertag der Familie meines Mannes. Wenn meine auch noch antanzt, wird mir das echt zu viel. Schon bei unserer Hochzeit hat es ordentlich zwischen beiden Seiten geknistert.

Ein Blick aus dem Flurfenster lässt mir jedoch das Blut in den Adern stocken. Ein Taxi steht da und spuckt einen weiteren Gast aus. Ehe der jedoch klingeln kann, reiße ich die Haustür auf.

»Kind! Hilfst du mir mit dem Koffer? Ich habe wirklich nur das Nötigste dabei.« Meine Mutter rauscht heran. Sie versteht es wie immer glänzend, mich wie ihr Personal zu behandeln. »Hier in der Einkaufstasche ist

Gemüse. Ich lebe neuerdings mit meinem Lebensgefährten vegetarisch. Weißt du, wegen dem Cholesterin. Tierisches Fett …« Sie unterbricht sich und strahlt mich in dieser unnachahmlich übertriebenen Art an. Herzlichkeit war für sie immer Schauspielkunst gewesen, die sie ausübte, wenn sie sich im Umgang mit ihren Töchtern beobachtet fühlte. Ich weiß, die Pause ist nur für einen kurzen Moment, gleich wird sie ihren Redefluss weiter über mich schwappen lassen, bis zur Abfahrt. Die Katastrophe ist vorprogrammiert. Bisher ging es noch nie gut, wenn die beiden Großmütter aufeinandertrafen und dann gegenseitig um die Gunst ihrer Enkel rangen.

Kurz entschlossen schnappe ich mir meine Jacke. »Ich muss noch mal weg«, rufe ich und wuchte den schweren Koffer meiner Mutter in die Einfahrt. »In der Küche ist jemand, der hilft dir. Der kocht dir auch deine Sachen.«

Als ich selbst im Taxi sitze, atme ich tief durch. Ich schaue auf unser Häuschen, in dem meine Jugendfreundin mit einem Putzmann in der Küche steht, den meine Mutter vermutlich gerade unter ihre Fuchtel nimmt. Das wird unterhaltsam werden heute Abend, wenn sie sich mit Martins Mutter, die jeden Moment mit meinem Schwiegervater eintreffen soll, um das Gästezimmer streiten wird. Beinahe bedauerlich, dass ich nicht dabei sein werde.

»Fahren Sie los!«

»Wo geht's denn hin, junge Frau?«

Ein redseliger Taxifahrer. Das fehlt mir grade noch.

»Ins nächste Restaurant.«

»Gut, ich fahre sie ins Landgut Buschmühle. Kennen Sie das? Also, meine Frau und ich, wir sind da immer sehr gerne. Das kann ich Ihnen wirklich empfehlen.«

Essen hilft bei mir immer. Wenn ich etwas Leckeres in meinen Mund stecke, es mit der Zunge vorsichtig gegen den Gaumen drücke und sich Wohlgeschmack in meinem Mund ausbreitet, fühle ich mich so richtig gut und vergesse alles um mich herum. In gewissen Lebenssituationen ist Vergessen ein probates Mittel, um sich der Realität zu entziehen.

Der Taxifahrer setzt mich vor dem Restaurant ab, das erstaunlich nahe liegt. Gleich hinter der Eingangstüre werde ich freundlich in Empfang genommen. Ein Herr führt mich charmant an gut gelaunten Gästen vorbei in ein Zimmer mit Kamin, in dem zu meiner Freude ein Feuer entfacht ist. Es wird mir guttun, an etwas Wärmendem zu sitzen. Ich nehme in dem reizenden Ambiente Platz und bestelle nach einem Blick in die Speisekarte ein mehrgängiges Menü. Mein Mobiltelefon zeigt an, dass hier kein Empfang ist. Auch gut. Martin wird ja wohl einmal ohne mich auskommen! Leute, die ihm zur Hand gehen können, sind zur Genüge vorhanden.

Das Essen schmeckt vorzüglich und ich beschließe, mir hier zukünftig öfters eine kleine Auszeit zu gönnen. Als ich beim Dessert angekommen bin, fällt ein Schatten auf meinen Teller. Ich blicke hoch, mit dem Löffel in der Hand, auf dem sich ein kleiner Eisberg mit einem winzigen Schokosoßenklecks türmt. Martin.

Er greift sich einen Stuhl und nimmt mir gegenüber Platz. Er wirkt sorgenvoll.

«Kannst du mir sagen, was du hier machst?»

«Ich esse.»

»Das sehe ich. Und warum um alles in der Welt hier?«

»Bei uns zuhause war so viel los. Es war mir einfach zu viel.« Zufrieden lecke ich meine Lippen und greife nach der weißen Stoffserviette.

Martin fährt sich mit der Hand über die Stirn. »Meine Mutter kümmert sich um die Kinder.«

»Ist die auch schon da?« Ich gebe mich erstaunt.

»Das ganze Haus war voll mit Leuten vorhin. In der Küche herrschte das komplette Chaos. Deine Mutter …«

Er schaut mich vorwurfsvoll an. Ich betrachte interessiert das Stillleben an der gegenüberliegenden Wand.

»Ein Mann lag auf dem Boden, als ich dazukam. Deine Mutter hatte ihm eine Bratpfanne auf den Hinterkopf gehauen, so viel habe ich in dem Durcheinander herausbekommen. Es hatte wohl eine kleine Meinungsverschiedenheit bezüglich des heutigen Essens gegeben. Das Objekt des Streits, eine mittelprächtige Gans, lag ebenfalls auf dem Boden.«

»Um Himmels Willen, ist er tot?« Ich sehe bereits die Überschrift »Tod durch Bratpfanne im Modenbachtal« vor meinem geistigen Auge. Garniert mit einem Foto meiner *Gegenmutter*, wie es dort heißt, wo ich herkomme.

»Das dachte ich zuerst auch. Aber er hatte noch Puls. Was für ein Glück! Wir haben ihn gemeinsam in unser Schlafzimmer getragen. Deine Freundin kümmert sich ganz rührend um ihn. Zum Glück hat er eine Erinnerungslücke bezüglich der letzten Minuten vor seiner Bewusstlosigkeit.«

Ich rufe den Kellner und bestelle einen Obstbrand. »Dann ist ja zu Hause alles in bester Ordnung.« Ich streife meinen Schuh ab und berühre unter dem Tisch den Fuß meines Mannes ganz sanft, während ich ihm in die Augen schaue. »Ob die hier auch Zimmer vermieten?« Ich beuge mich vor. »Wenn wir schon Mal Babysitter haben.«

Apfeltraum

Zutaten:
1 Lage Löffelbiskuits – ca. 15 Stück
1 kleines Glas Apfelkompott
250 g Mascarpone
250 g Quark
1 Becher Sahne
6 EL Apfelbranntwein
100 g Zucker
Kakao zum Bestäuben

Zubereitung:
Eine Porzellanform mit den Löffelbiskuits auslegen, diese mit Apfelbranntwein beträufeln. Apfelkompott darauf verteilen. Aus dem Mascarpone, dem Quark, dem Zucker und der vorsichtig untergehobenen geschlagenen Sahne eine Masse bereiten und daraufstreichen. Nach Belieben mit Kakao leicht bestäuben. Vor dem Verzehr an einem kühlen Ort mindestens zwei Stunden durchziehen lassen.

GUDRUN WILHELMS

Er war Nichtschwimmer

Müller hatte den Köder geschluckt. Typischer Politiker, dieser Müller. Einer, der fast platzte vor Selbstwertgefühl. Man musste ihm nur Honig ums Maul schmieren, und schon bekam man, was man wollte.

»Herr Müller, hier spricht Holger Dieffenbächer vom Mannheimer Abend«, hatte Sven Pfeifer gesagt. »Sie bekommen am nächsten Sonntag den Wolfsangel-Orden der Stadt Mannheim. Im Vorfeld würde ich gerne ein Interview mit Ihnen führen. Unsere Leser interessieren sich sehr für die berühmten Söhne und Töchter der Stadt. Wann können wir uns treffen?«

»Sie machen mir Spaß. Heute ist Montag. Warum haben Sie nicht vor zwei Monaten angerufen? Da wäre vielleicht noch ein Termin frei gewesen.« Papierrascheln. »Donnerstagabend Anreise. Habe den ganzen Tag noch in Berlin zu tun. Zum Glück gibt's den Flughafen Neuostheim, das spart Zeit. Abendessen mit Parteigenossen. Freitag Rede vor Gewerkschaftern, gemeinsames Mittagessen. Nachmittags Besuch einer caritativen Einrichtung, Kaffeetrinken. Wo soll ich Sie da noch unterbringen?«

»Herr Müller, man sagt Ihnen nach, wo andere aufgeben, da fangen Sie erst richtig an. Überlegen Sie, Sie finden bestimmt noch einen Termin für mich. Es wird ein ausführliches Interview. Nächstes Jahr sind Wahlen. Gar nicht ungeschickt, ein großer Artikel über Sie, oder? Denken Sie an Ihre treuen Wähler. Wir machen einen Rundumschlag, präsentieren Ihre Erfolgsstory. Wird bestimmt eine tolle Sache.«

»Hmm, alles belegt bis zur letzten Minute. Nichts zu machen. Es sei denn – warten Sie. Freitag Abend bin ich in der Langen Rötterstraße. Verwandtenbesuch. Die haben bestimmt nichts dagegen, wenn wir uns dort treffen. Ich bin Tante Ernas Lieblingsneffe. 21 Uhr, passt Ihnen das? Ich hab aber nur maximal eine Stunde Zeit für Sie. Danach bin ich mit Freunden im Steigenberger, äh, im Leonardo Royal. Sie kennen die Blocks in der Nähe der Melanchthon Kirche? Vor der Nr. 49 steht eine dicke BMW, abgedeckt. Gehört meinem Cousin. Bei Maier schellen, 3. Stock.«

Sven Pfeifer atmete durch. 21 Uhr, Lange Rötterstraße. Warum nicht. Eine Kneipe mit gedämpftem Licht wäre sicher ein besserer Ort, aber er hatte keine Wahl. Dann würde sich eben das Ganze bei Tante Erna abspielen.

Beim Gedanken an seinen Freund Holger wurde ihm heiß und kalt. Holger würde es ihm nie verzeihen, dass er seine Identität angenommen hatte, um … Doch diese Gelegenheit konnte er sich nicht entgehen lassen. Mit einem Schlag wäre er seine Sorgen los. Also bloß kein Einknicken.

*

Letzten Freitag hatte Holger einen Stapel Papier über den Tisch geschoben: »Streng vertraulich. Du glaubst ja nicht, was für Granaten auf meinem Schreibtisch landen. Da dreht sich dem normalen Menschen der Magen um. Zum Glück fallen die aktuellen Informationen nicht in mein Ressort. Sonst müsste ich am Ball bleiben und in diesem Sumpf herumwühlen. Ach Gott, würde mir das stinken. So bleiben die Unterlagen erst mal bei mir liegen, bis mir einfällt, wer was draus machen könnte. Nicht einfach. Aber wenn ich als Journalist Kenntnis von so großen Sauereien habe und darüber hinweggehe, mache ich mich schuldig. Man macht sich nicht nur schuldig durch sein Tun, sondern auch durch sein Nichtstun. Ist es nicht so? Und zu verschweigen ist genauso schlimm wie zu lügen.«

Holger nahm einen Schluck aus der Flasche. »Du kennst doch den Politiker Müller, den roten Müller? Mannheimer. Stammt aus der Hefe des Volkes. Studierter Rechtsverdreher. Schon lange der große Zampano in Berlin. Mischt überall mit, wo er Soziales wittert. Um den geht's. Sonntag in einer Woche bekommt er den Wolfsangel-Orden. Mit allem Brimborium. Müller, der große Sohn der Stadt Mannheim. Elogen ohne Ende. Man weiß ja, wie sowas abläuft. – Und dann das.« Er wies auf den Stapel Papier und stand auf. »Ich geh mal Zigaretten holen. Kann etwas dauern. Im Kühlschrank ist noch Bier.«

Streng vertraulich. Sven hatte sofort verstanden, weshalb. Sprengsätze, wohin er schaute! Er zog sein iPhone aus der Tasche und fotografierte Seite für Seite. Ganz cool. Beim Betrachten der farbigen Fotos hielt er jedes Mal inne und pfiff durch die Zähne. Blitzartig war ihm klar geworden: Das war die Chance seines Lebens. Er hatte ihn in der Hand, den Müller. Wenn diese Informationen bekannt würden, wäre er erledigt. Für alle Zeiten. Müller saß in der Falle.

Sven leerte die Flasche in einem Zug. Er räkelte sich in dem bequemen Ledersessel und blickte um sich. In Holgers Wohnung konnte man's aushalten. Großzügig, hell, super eingerichtet, fantastischer Blick auf den Rhein. Wer konnte sich schon so eine schicke Eigentumswohnung auf der Parkinsel leisten? Holger. Er verdiente gut und hatte eine große Erbschaft gemacht. Wenn diese Wohnung in Mannheim läge, wäre sie perfekt, dachte Sven. Aber Holger wollte nicht ums Verrecken nach Mannheim ziehen. Er war und blieb Ludwigshafener. Ziemlich kindisch, Holgers Lokalpatriotismus. Das tägliche Gegurke über den Rhein zum Mannheimer Abend störte ihn nicht. Und den Rückweg empfand er jedes Mal wie eine Erlösung. Als Schulfreund Sven nach dem Abi am Max-Planck-Gymnasium Ludwigshafen den Rücken gekehrt hatte, um in Mannheim zu studieren und auch zu wohnen, hatte Holger gewitzelt: »Geh fort, bleib do!« – Ach ja, längst vergangene Zeiten. Sven seufzte. Sie waren aber immer in engem Kontakt geblieben. Das war die Hauptsache.

»Na, jetzt bist du sprachlos, oder?«, feixte Holger und warf das Päckchen Zigaretten auf den Tisch. »Der saubere Herr Müller! Gewalttätig als Kind und Jugendlicher. Hat sich geprügelt ohne Ende und saß auch mal im Knast wegen Messerstecherei. Alkohol und Joints – für ihn Alltäglichkeiten. Das hat mir seine Cousine erzählt. Sie arbeitet beim Mannheimer Abend in der Anzeigenabteilung. Über seine große Wandlung hat sie auch gesprochen. Die ereignete sich während Müllers Zivildienst bei der AWO: Einsatzfreude bis zur Selbstaufgabe. Müller, der Retter der Armen und Schwachen. Mit diesem Etikett schmückt er sich bis zum heutigen Tag in Berlin. Dabei ist er ein verkommenes Subjekt, ein Oberschwein! Wenn rauskommt, was da drinsteht, kann er sich die Kugel geben. – Sven, mal was anderes. Ich hab noch Saumagen da. Soll ich uns ein paar Scheiben rausbacken?«

Sven hatte dankend abgelehnt und sich auf den Heimweg gemacht.

Ekliges Schlackerwetter, die Scheibenwischer schafften kaum ihre Arbeit. Aber er war in guter Stimmung. Auf der Rheinbrücke sang er plötzlich den Neckarbrücken-Blues, brach aber sofort ab. Falsche Brücke. Dass ihm sowas passierte. Er war eben mit den Gedanken woanders. Mechanisch tastete er nach seinem iPhone. Da war es. Es war Gold wert.

Zu Hause in der Max-Joseph-Straße hatte er nichts Eiligeres zu tun, als die Dateien auf den PC zu laden und zweifach auszudrucken. Er war dermaßen in Fahrt, dass er dieses Mal gar nicht merkte, dass Welten zwischen Holgers Luxuswohnung und seinen eigenen vier Wänden lagen.

Nach getaner Arbeit setzte er sich mit den ausgedruckten Seiten auf das in die Jahre gekommene Sofa und biss in das belegte Brot. Wenn es so lief, wie er es sich vorstellte, würde sich einiges für ihn ändern. Sein Budget hatte zwar immer zum Leben gereicht, aber große Sprünge waren nicht drin gewesen. Mit Frauen hatte es deswegen nie so recht geklappt. Sei's drum! Sicher war ihm dadurch auch viel Ärger erspart geblieben. Und wenn er's genau nahm, war Holger, was Frauen betraf, auch nicht viel besser dran. Seine Angetraute hatte ihn wegen eines reichen Baulöwen sitzen lassen. Und seine nachfolgenden Beziehungen waren immer von kurzer Dauer gewesen.

Ja, wenn es so lief, wie er es sich vorstellte, würde seine Zukunft schlagartig besser aussehen. Vielleicht nicht so gut wie Holgers, aber keine zermürbenden Wechsel mehr von einem Job zum nächsten. Stattdessen Umzug in eine neue Wohnung, ein neues Auto, endlich mal Urlaub. Mehr Sicherheit, mehr Ruhe.

Mit abgeschlossenem BWL-Studium wäre sein Leben bestimmt geordneter verlaufen. Sven nahm einen

tiefen Zug aus der Flasche. Doch er hatte alles hinge-
schmissen, als seine große Liebe in die Brüche gegangen war. Alkohol, Depression, Absturz. Holger hatte
ihn da wieder rausgeholt und ihm seinen ersten Job
bei einer Werbeagentur verschafft. Ein echter Freund
eben. Und nun war er im Begriff, diesen echten und
einzigen Freund für seine üblen Zwecke zu missbrau-
chen. Kein Wunder, dass ihm besonders unwohl war
beim Gedanken an Holgers Geburtstagsessen, das
am Sonntag im Deidesheimer Hof stattfinden würde.
Zum Glück hatte er im Internet das Sieben-Gänge-
Menü vom Schwarzen Hahn angesehen und Holgers
Einladung dazu abgelehnt. Mit so anspruchsvollen
Speisen konnte er, schlicht wie er war, überhaupt
nichts anfangen. Außerdem bekam er automatisch
Skrupel bei allem, was sehr teuer war – ein absoluter
Genusskiller.

»Also gut«, hatte Holger gesagt, »wenn du unbedingt drauf bestehst. Dann essen wir halt à la carte.
Und nach dem Essen schauen wir noch bei Lilli und
Hubert vorbei. Die servieren uns einen schönen Kaffee und ihre kandierten Früchte. Bei dieser Gelegenheit
kannst du auch ihre neuen Produktionsstätten ansehen.
Ich kenne sie schon.« Er hatte etwas verstimmt geklun-
gen und nachgesetzt: »Was gutes Essen betrifft, ist bei
dir ja Hopfen und Malz verloren. Schade, schade, ist
immerhin mein Geburtstag. Da kann ich mir und meinem Freund doch mal was Besonderes gönnen, oder?
Für wen soll ich denn sparen? Für die Neffen und Nich-
ten? – Nee.«

*

Was habe ich mir da nur eingebrockt, dachte Sven Pfeifer am Tag nach dem Telefonat mit Müller. Ich bin auf

dem besten Weg, ein Krimineller zu werden. Ich habe wohl den Verstand verloren.

Zu diesem Zeitpunkt ahnte er noch nicht, wie sich die Tage bis zu dem Treffen am Freitag dahinquälen würden. Und erst die Nächte! Lag er wach, kreisten seine Gedanken unablässig um Müller: Wie war das Gespräch mit ihm zu führen? Wie konnte er Müller in die Enge treiben, sodass ihm nichts anderes übrig bliebe, als auf seine Forderungen einzugehen? Er notierte ausgeklügelte Sätze im Wortlaut, lernte sie auswendig und sagte sie pausenlos auf. Er stellte sich Müllers mögliche Reaktionen vor. Er führte laut Rede und Gegenrede, bis er sich total verhedderte, vor Aufregung zu stottern anfing und sein Kopf vor Anspannung zu platzen schien. Ich habe es gewollt, sagte er sich wieder und wieder. Jetzt zieh ich es auch durch. Der Müller ist ein Schwein. Soll er wenigstens auf diese Art büßen. Und wieder und wieder erschien der Freund in seinem wirren Hirn: Was, wenn er Wind bekommt von der Sache? Wenn er mich zur Rede stellt? Das Ganze auffliegen lässt? Was dann? Mein Gott, wenn das so weitergeht, werd ich noch verrückt.

An Holgers Geburtstagessen in der Pfalz durfte er gar nicht denken. Es war eine Tortur gewesen. So elend fühlte es sich also an, den Freund zu hintergehen und auch noch mit ihm Geburtstag zu feiern.

Holger war nicht entgangen, dass Sven mehr als einmal seinem Blick auswich und anhaltend auf dem Teller herumstocherte. »Ist was nicht in Ordnung mit deinem Essen? Schmeckt's dir nicht?«, hatte er gefragt. »Mein Fleisch ist super. Und die Beilagen sehen nicht nur aus wie gemalt, sie schmecken auch toll.«

»Alles prima«, hatte er geantwortet. »Wirklich gut zubereitet. Und wirklich schönes Ambiente. Tut mir leid, dass ich nicht so gut drauf bin an deinem Geburtstag. Hab einfach keinen Appetit.«

»Sven, was ist los mit dir? Sag's mir doch. Dann geht's dir bestimmt besser.«

»Hatte gestern Ärger im Job. Möchte nicht drüber reden. Heute nicht. Demnächst.«

Die Situation hatte sich erst bei Lilli und Hubert entspannt. Dort lag der Focus ganz auf Holgers Geburtstag und auf den in feinste Schokolade gehüllten Ingwerstäbchen. Damit war Sven aus dem Schneider gewesen.

*

Freitagabend. Die Warterei ist endlich vorbei. Wildes Schneegestöber, die Straßen leergefegt. Sven Pfeifer wickelt den Schal enger um den Mantelkragen und zieht die Mütze über die Ohren. Die Plastiktüte mit den Unterlagen drückt er gegen seine Brust. Luisella, Melanchthonkirche. Die Menschen hängen wohl zu Hause vor der Glotze bei diesem Sauwetter. Da sind sie schon, die Blocks der Langen Rötterstraße. Die abgedeckte BMW steht am angegebenen Ort. Von der Max-Joseph-Straße zur Langen Rötterstraße: ein Heimspiel, Gott sei Dank. Den lieben Gott sollte er besser aus dem Spiel lassen – er blickt den Menschen in Herz und Hirn. Und Svens Vorhaben billigt er auf keinen Fall. Maier, 3. Stock. Er klingelt.

»Guten Abend, Frau Maier. Holger Dieffenbächer vom Mannheimer Abend.«

»Do sin Se jo. Gehe Se roi. Ihr Leit, Ihr Leit, was e Suddelwedder!« Erna Maier hält Sven Pfeifer die Tür auf. »De Bu is im Wohnzimmer. Isch hab saure Scheiwe gemacht. Die hot er so gern. 's is noch was iwwerisch. Isch bring Ihne gern was. – Liewer, do is der Mann vum Mannemer Owend.«

Müller sitzt in einem Lehnsessel, vor sich einen leer gegessenen Teller und eine Flasche Bier. Zur Begrüßung erhebt er sich nur halb und reicht Sven Pfeifer die Hand über den Couchtisch. Pykniker, Fotos von ihm gibt's zuhauf im Internet. Gegen ihn ist Sven Pfeifer ein Hänfling. Mit seinen fünfundvierzig Jahren sieht er aus wie fünfunddreißig. Müller ist fünfzig, und sein Gesicht trägt die Spuren eines ausufernden Lebens. »Nehmen Sie Platz. Was wollen Sie trinken? Bier, Wein, Wasser? – Wasser? Ehrlich? Bei dem Wetter muss man sich doch inwendig wärmen. Aber wie Sie wollen.«

Die ersten zehn Minuten sind eine One-Man-Show, die reinste Selbstbeweihräucherung. Müller hat's drauf. Kein Wunder. Wie oft hat er sich schon auf diese Art in der Öffentlichkeit präsentiert. Wenn ich jetzt nicht aufpasse, bekomme ich kein Wort dazwischen, und alles wird ein Endlosmonolog. Das Auswendiglernen hätte ich mir sparen können – alles für die Katz. »Herr Müller«, fällt er ihm ins Wort, »ich unterbreche Sie nur ungern. Aber was ich gerade von Ihnen höre, habe ich bereits durch umfangreiche Recherchen zusammengetragen. Die wichtigsten Daten Ihrer Biografie und die lange Liste Ihrer Verdienste und Auszeichnungen werden selbstverständlich Teil des Artikels sein – in Interviewform, versteht sich. Ich werde das dementsprechend umsetzen. Kein Problem. Ich habe aber viel spannendere Fragen an Sie. Was sind Ihrer Meinung nach die Herausforderungen, die Versuchungen, die besonders delikaten Gemengelagen, denen sich ein Politiker ständig gegenübersieht?«

Müllers Augen verengen sich. »Herausforderungen? Versuchungen? Delikate Gemengelagen? – Wie soll ich das verstehen?«

»Nehmen Sie's einfach ganz wörtlich und interpretieren Sie's auf Ihre Art.«

»Ich sehe keinen Sinn darin. – Vielleicht Schwachsinn!« Er lacht auf. »Und zielführend ist Ihre Frage überhaupt nicht. In der Politik müssen Fragestellungen immer zielführend sein.«

»Schön wär's, aber dem ist nicht immer so. Das wissen Sie so gut wie ich. Meiner Meinung nach sind zielführende Antworten viel wichtiger. – Nun, ich will Ihnen auf die Sprünge helfen. Fangen wir mit den Herausforderungen an: Das Leben eines Politikers ist stressig. Das ist ein Fakt. Was tun Sie, um Stress abzubauen?«

Müller lehnt sich zurück, seine Schultern entspannen sich. »Ach so, darauf wollen Sie hinaus. Ja, ich hab da mein persönliches Fitnessprogramm: Radfahren, Schwimmen, Gymnastik, frische Luft ...«

»Kaum zu glauben bei Ihrer übervollen Agenda. Sehr schwer umsetzbar, Ihr Fitnessprogramm. Ich fürchte, Sie sind auf einem ganz anderen Trip. Stichwort Alkohol und Drogen.«

Müller reißt die Augen auf und bellt: »Was fällt Ihnen ein!«

»Mir fällt gar nichts ein. Mir liegen handfeste Beweise vor für Ihren Alkohol- und Drogenmissbrauch. Es geht nicht um das Feierabendbierchen und den gelegentlichen Joint. Es geht um Massiveres – und um die Folgen für Ihr Umfeld. Sie haben kürzlich im Vollrausch eine junge Frau überfahren. Sie starb an ihren Verletzungen. Der Täter konnte bislang nicht dingfest gemacht werden.«

»Sie, Sie, Sie ...«, ist alles, was Müller herausbekommt.

»Ich fantasiere nicht. Sehen Sie hier den Ausdruck des Beweisfotos. Jemand war wohl geistesgegenwärtig genug, um das Tatauto zu fotografieren. Nobelmarke. B MP 666. Berlin Müller Peter 666! Sie gehören zu den Menschen, die sich auch in ihrem KFZ-Kennzeichen verewigen müssen. Tag und Uhrzeit stehen auf dem

Foto. Sogar der Kopf des Täters ist gut erkennbar. Erinnern Sie sich, Herr Müller? Oder hat der Alkohol jeden Gedanken daran ausgelöscht? Trunkenheit am Steuer, Unfall mit Todesfolge, Fahrerflucht ... Wie konnte Ihnen sowas passieren? Waren da vielleicht noch andere Drogen mit im Spiel?«

»Worauf wollen Sie hinaus?«, krächzt Müller.

»Darauf kommen wir später. Zuerst zu den Folgen Ihres offenkundigen Drogenmissbrauchs. Sehen wir einmal davon ab, dass Sie illegale Drogen konsumieren. An sich schon ein Straftatbestand. Alarmierend ist die Tatsache, dass Sie über die Drogen auch noch Zugang zum Rotlichtmilieu bekommen haben. Bevorzugte Partnerinnen: Minderjährige Prostituierte aus dem Ostblock. Doch die genügen Ihnen offensichtlich nicht. Auch Stricher und Kinder gehören zu Ihren Opfern. Stichwort Pädophilie – ein brisantes Thema, nicht wahr? Die gesamte Presse wird sich auf Sie stürzen. Und Polizei und Staatsanwaltschaft werden Sie schlachten wie eine Weihnachtsgans.« Sven Pfeifer breitet weitere Dokumente fächerförmig auf dem Tisch aus. »Da sind auch ganz krasse Beweisfotos dabei. Sehen Sie selbst. Ihre Frau muss davon etwas mitbekommen haben. Sie hat Sie längst verlassen. Sie konnte Ihre Art der Stressbewältigung nicht länger ertragen. Wer könnte das nicht verstehen. – Auf das ergiebige Kapitel Amtsmissbrauch, Korruption, illegale Geschäfte und Steuerhinterziehung kann ich überhaupt nicht eingehen. Sie gestehen mir ja nur eine Stunde zu. Wie dem auch sei, Sie sitzen in einem wahren Sumpf. Wenn all Ihre Vergehen bekannt werden, bekommen Sie kein Bein mehr auf die Erde.« Sven Pfeifer legt mit Nachdruck neue Papiere auf den Tisch. »Hier sind die restlichen Beweisstücke.«

Müller hat seine Hand auf die Augen gelegt. Beim Stichwort Beweisstücke lässt er sie sinken. Seine Gesichtszüge sind zusammengefallen. Er beugt sich nach vorn und zieht mit einer ausholenden Armbewegung die Papiere zu sich heran, klopft sie zu einem Stapel und geht sie Seite für Seite durch. Beim Betrachten der Fotos stöhnt er auf. »Ich muss mal austreten«, sagt er plötzlich und erhebt sich. Sein Gesicht ist wächsern.

Sven Pfeifer trinkt einen Schluck Wasser und lehnt sich zurück. Die erste Runde geht an mich. Besser konnte es nicht laufen. Müller hat verstanden, dass ich ihn in der Hand habe. Mal sehen, ob er auf meine Forderungen eingeht. Eigentlich bleibt ihm gar nichts anderes übrig.

»Was wollen Sie?« Mit diesen Worten betritt Müller wieder den Raum.

»Sie sind zu intelligent, um mir diese Frage zu stellen, Herr Müller. Aber ich verstehe, dass Sie verwirrt sind durch die Last der Beweise. Was ich will? Einen Deal. Eine Win-win-Situation für uns beide. Ich gebe die belastenden Informationen über Sie nicht weiter, und Sie zahlen dafür. Nichts im Leben ist umsonst. Das wissen Sie ganz genau.«

»Wie viel?«, fragt Müller.

»Eine Million.«

»Sie sind wohl verrückt.«

»Ganz und gar nicht. Sie sind ein reicher Mann. Das zahlen Sie doch aus der Portokasse. Wenn Sie nicht zahlen, sind Sie fertig. Das verspreche ich Ihnen. Damit Sie sehen, dass ich nicht mit mir spaßen lasse, habe ich heute das Foto mit dem Tatauto an die Berliner Polizei geschickt. Ein paar Mouseklicks – und man hat Sie. Aber keine Sorge. In dieser Angelegenheit werden Sie glimpflich davonkommen. Sie sind nicht der erste Politiker, der im Suff jemand totfährt. Aber für den Rest Ihrer Vergehen würde man Sie sicher sehr lange wegsperren. Damit wären Sie ein für alle Mal erledigt.«

»Mir wird hier allmählich die Luft zu knapp«, sagt Müller. Gehen wir noch kurz in eine Kneipe, um über die Details zu sprechen.«

»Ich möchte, dass Sie Ihre Unterlagen schon jetzt an sich nehmen. Bitte schön.« Sven Pfeifer überreicht Müller die Plastiktüte. »Versteht sich von selbst, dass ich meine Papiere und die Originalfotos an sicheren Orten aufbewahre. Gegebenenfalls sind sie aber auffindbar. Dafür habe ich gesorgt.«

»Vergess die Hausmacher net, Bu«, sagt Tante Erna beim Abschied. »Die Plastikdudd schdeht do in der Eck beim Abschluss.«

»'s muss doch net soi, Tante.«

»Nemm's doch, Bu, du kriggschd doch kää gscheidi Worscht in Berlin. Des sagschd doch immer. Also dann, bis Sunndag.«

»Bis Sunndag, Tante.« Müller stopft die Plastiktüte mit den Unterlagen in die Tüte mit der Hausmacher und umarmt Erna Maier.

Die Lange Rötterstraße ist inzwischen winterweiß, und der Schnee fällt noch in dichten Flocken.

»Meine Tante Erna ist eine Seele von Mensch«, sagt Müller. »Aber was soll ich denn die nächsten Tage mit zwei Kilo Hausmacher anfangen? Sie vielleicht unters Hotelbett legen?«

Sven Pfeifer übergeht Tante Erna. »Luisella hat noch auf. Da gehen wir hin«, meint er. »Aber ich kann Ihnen jetzt schon sagen, wie die Abwicklung laufen soll. Ich habe in der Plastiktüte mit den Unterlagen alle Details notiert. Schauen Sie in den roten Briefumschlag. Punkt 1 lautet: Bis Samstagabend muss ein Abschlag an den angegebenen Empfänger erfolgt sein, sonst gibt es keinen Wolfsangel-Orden, sondern schlimme Schlagzeilen in der BAMS! Die haben von mir schon eine Vorinformation bekommen. Titel: Das ist das AUS! Skandal um bekannten Politiker. – Bisher noch ohne Namensnennung.«

»Wie soll ich bitte schön samstags an einen größeren Geldbetrag kommen?«, sagt Müller.

»Für Sie ist das kein Problem. Ich rate Ihnen dringend, auch alle weiteren Zahlungen termingerecht und unter Einhaltung aller von mir gemachten Angaben vorzunehmen. Sonst kann ich für nichts garantieren. – So, jetzt muss ich mal austreten. Der Baum neben dem Gemeindebüro kommt mir gerade recht.«

Müller bleibt in geringer Entfernung stehen und macht sich an der Plastiktüte mit der Hausmacher zu schaffen. Er holt einen Gegenstand heraus. Eine Wurst ist es nicht.

Sekunden später spürt Sven etwas Kaltes an seiner rechten Schläfe. Ein Blitz durchzuckt seinen Kopf, und er sackt in sich zusammen, bevor er einen Laut von sich geben kann.

»Du miese Ratte. Du elender Dreckskerl. Hast wohl geglaubt, du könntest mich fertigmachen. Da hast du dich aber geirrt.«

Müller steckt seelenruhig die Pistole zu der Hausmacher, überquert die Straße und geht langsam seiner Wege. Bald ist er am Alten Messplatz. Schalldämpfer haben was für sich. Den Schuss hat keine Menschenseele gehört. Die Polizei würde Holger Dieffenbächers Tod als Sexualdelikt einstufen. Sein offener Hosenladen spricht für sich. Auf Höhe der Alten Feuerwache beschleunigt Müller plötzlich seine Schritte. Er will es hinter sich bringen. Herumlaviererei ist nie seine Sache gewesen. Er ist ein Macher. Krisenmanagement ist seine Spezialität. Jetzt ist er schon auf der Kurpfalzbrücke. In der Mitte der Brücke bleibt er stehen.

»Hast du den Mann gesehen?«, sagt ein Autofahrer, der in diesem Augenblick die Brücke überquert, zu seinem Beifahrer. »Schmeißt der doch einfach eine große Plastiktüte mit seinem Müll in den Neckar! Nicht zu glauben. So einer gehört direkt in den Knast. Und nicht nur für ein paar Tage.«

Was er nicht sieht: Der Mann springt direkt seiner Plastiktüte hinterher.

Er war Nichtschwimmer.

Tante Ernas saure Scheiwe

Für 2 Personen

Zutaten:
750 g Kartoffeln, festkochend
2 EL Butterschmalz
1 Schalotte in feinen Ringen
4 EL Mehl
750 ml Wasser
3 EL Weinessig, je nach Geschmack etwas mehr
1 Lorbeerblatt, optional
1 EL Gemüsebrühe
Salz, Pfeffer
etwas Maggi, optional

Zubereitung:
Die Kartoffeln in der Schale kochen (Quellmänner), danach pellen und in Scheiben schneiden.
Das Butterschmalz bei geringer Hitze zergehen lassen, die Schalotte glasig dünsten und das Mehl einrühren. Aufpassen, dass es keine Klümpchen gibt. Das Wasser kräftig mit dem Schneebesen einrühren.
Lorbeerblatt, Salz, Pfeffer, Gemüsebrühe und Essig beifügen. Alles zusammen mindestens zehn Minuten bei schwacher Hitze köcheln lassen. Oft umrühren.
Abschmecken. Die Kartoffeln in die Soße geben und darin warm werden lassen

Anmerkung

Der echte Holger Dieffenbächer, der Einzige, der heil aus dieser Geschichte herausgekommen ist, würde als Feinschmecker bestimmt lieber Rahmkartoffeln essen. Dafür lässt er den Essig weg und nimmt statt Wasser

Milch. Am Ende gibt er noch ein wenig Zitronensaft und einen Schuss süße Sahne dazu.

Vermutlich ist ihm aber der Appetit vergangen.

LILO BEIL

Hexenfieber

VORDERER ODENWALD

Ein Krimi zum Shakespeare-Jahr

Wann kommen wir drei uns wieder entgegen?
In Blitzen, in Donner oder in Regen?
Wenn der Wirrwarr ist zerronnen,
Schlacht verloren und gewonnen.

Macbeth, Akt 1, Szene 1

Charlotte schaute sich zufrieden in ihrem Wohnzimmer um. Die Dekoration war ihr besonders gut gelungen diesmal, fand sie.

Die Lampions mit aufgedrucktem Knochenmuster, die roten Fähnchen mit den schwarzen Spinnen, die ihren Spiegel schmückten, die Töpfe mit den giftig grünen Kakteen und die Totenkopfgirlanden, die quer an der Decke aufgespannt waren: All diese Utensilien passten so recht zu einer Hexenparty. Diesmal feierte sie die Party nicht an Halloween, sondern am 30. April, in der Nacht zum 1. Mai.

Walpurgisnacht sagten die einen, aber Hexennacht hieß sie in Charlottes Heimat, der Pfalz. Ihren Odenwälder Schülern hatte Charlotte in einigen Sätzen erklärt, dass sie die ersten waren, mit denen sie diese traditionelle pfälzische Hexenparty im April und nicht im Oktober feierte. Von einigen Kollegen belächelt, blieb Charlotte hier beharrlich ihrer Tradition treu. Immer wenn sie mit einem Englischkurs Shakespeares *Mac-*

beth las, gab sie bei sich zuhause sozusagen als krönenden Abschluss ein Kursfest im Stil einer Hexenfete.

Wer es wünschte, der konnte sich verkleiden, aber es gab keinen Zwang zur Maskerade.

Einige Tage vor dem Kurstreffen verteilte Charlotte Rezepte für allerlei Hexenspeisen an ihre Schüler: Kekse in der Form von Kniescheiben, Staubkekse, die wie Fledermäuse aussahen, Käseknochen, die Gruselhäppchen genannt wurden, Fliegenpilze, die aus hartgekochten Eiern und mit Mayonnaisetupfern verzierten halbierten Tomaten bestanden. Die Zwillinge Mechthild und Hermann, deren altmodische Namen gut zu ihrem ebenso biederen Äußeren passten, hatten sich bereit erklärt, eine Riesenschale mit »Zweifelhaftem Pudding« zu bringen, einem Gemisch aus glibberiger Götterspeise und Scheiben von Biskuitkuchen, mittendrin Rosinen und Mandelblättchen und obendrauf verziert mit Schokopudding und einem aus Schlagsahne gespritzten Spinnennetz. Das Ganze wurde gekrönt von einer dicken Spinne, bestehend aus dunklen Trauben und Lakritzebeinchen.

Charlotte war aber auf eine andere Hexenspeise besonders gespannt, für die Lisa und Fabian sich gemeldet hatten. Die beiden waren das erkorene Kurs-Liebespaar.

»Pfälzer Giftpastete« hieß diese Spezialität, und Charlotte behauptete steif und fest, dies sei ein pfälzisches Geheimrezept, das extra für die Walpurgisnacht kreiert worden war, und zwar im 17. Jahrhundert von einer Bäuerin im Donnersbergkreis, der man einen Hexenprozess machte. Doch ihre Richter und der Henker waren so beeindruckt von dieser Speise, dass sie die Angeklagte nicht auf dem Scheiterhaufen verbrannten, sondern ihr eine Leibrente bis ans Lebensende zusagten. Diese Pastete wurde mit Pilzen zubereitet, einer beliebten Hexenküchen-Zutat.

»Es ist natürlich echter, wenn die Pastete mit Pilzen aus dem Pfälzerwald hergestellt wird, aber momentan gibt es nicht einmal dort Pilze. Und es wäre lustiger, wenn man Giftpilze verwenden könnte, aber dann könnten wir wahrscheinlich nur ein kleines Stück essen. Wäre schade.«

Ob Paul die Würmerspeise mitbringen würde? Hinter dem ekligen Namen verbarg sich ein Salat aus Spaghetti, Käse, Sellerie, Knoblauch, Linsen und Karotten. Paul war eine Nummer für sich, exzentrisch, launisch, unberechenbar. Er war Charlotte unheimlich, dieser Professorensohn. Hochintelligent, doch sprunghaft und mit gelegentlichen cholerischen Ausbrüchen. Außerdem war er über beide Ohren in Lisa verliebt.

Charlotte ertappte sich bei dem Wunsch, Paul möge an diesem Abend besser zu Hause bleiben. Doch es sollte niemand ausgeschlossen werden, und dieser Kurs war doch das Paradebeispiel einer Klassengemeinschaft, in der die Chemie stimmte. Die Chemie untereinander und die Chemie zur Lehrerin, die zudem noch nie zuvor so viel Sympathie für Shakespeare hatte wecken können. Für *Macbeth* und für *Othello*. Beide Dramen waren gelesen worden. Ein pädagogischer Glücksfall.

Wenn nur Paul nicht wäre, dachte Charlotte, dieser Quertreiber.

Sie band sich ihre Schürze um und musste lachen, als sie in den Spiegel sah: Eine typische Mutti blickte ihr entgegen, dabei war sie unverheiratet, kinderlos und ganz und gar kein klassischer Mutti-Typ.

Aber diese Hexenparty gab ihr wieder einmal die Gelegenheit, ihre Mutterinstinkte auszuleben. Dies hier sah aus wie auf einem Kindergeburtstag, dabei waren ihre »Kinder« schon alle volljährig. Alle schon 18 Jahre alt, außer Paul, dem »Nesthäkchen«, der die sechste Klasse übersprungen hatte und darum der Jüngste im

Kurs war. Sie strich sich die Schürze glatt. Die war keine Mutti-, sondern eine Hexenschürze.

Drei Hexen mit spitzen schwarzen Hüten und ebenso spitzen Nasen waren aufgedruckt, darunter der Hexenspruch aus dem 4. Akt, Szene 1 aus *Macbeth*:

Double, double, toil and trouble,
fire burn and cauldron bubble.

Es gab dazu eine altmodische Übersetzung, wie Charlotte wusste:

Doppelt Pein und Sorgen alle,
Feuer brenn und Kessel walle.

Na ja, hoffentlich ist das kein böses Omen, dachte Charlotte. Die Schürze war ein Geschenk ihrer Freundin Jane aus Sheffield.

Junge Stimmen tönten vom Hof her, und bald darauf wurde Sturm geläutet.

Gleich sechs Schüler auf einmal standen vor der Tür. Ach ja, das waren die Jungs, die das »Hexenbräu« brachten, drei Kästen mit giftgrüner Limo und zwei Kästen alkoholfreies Bier. Alkohol duldete Charlotte nicht auf ihren Kursfesten, Volljährigkeit hin, Volljährigkeit her. Sie war eine gewissenhafte Pädagogin, und sie trug die Verantwortung. Fast alle hatten den Führerschein und mussten nüchtern bleiben.

Nach und nach füllte sich das Wohnzimmer, und auch das Büfett mit allerlei Hexenspeisen blieb nicht leer.

Die Giftpastete von Lisa und Fabian, verziert mit einem Totenkopf aus Blätterteig, musste in den Herd geschoben werden. Für die 16 Kursteilnehmer gab es jeweils ein kleines Stück, doch der Teufelssalat von Mara und Klara, den beiden unzertrennlichen Freundinnen, war so reichlich ausgefallen und prangte in einer Riesenschüssel inmitten des Büfetts, dass niemand hungern musste.

Fast alle waren nun da. Paul fehlte noch, der doch mit seiner »Würmerspeise« erscheinen sollte. Eine Stunde, nachdem alle schon reichlich gegessen und getrunken hatten, pochte es an der Terrassentür. Es war Paul. Er trug eine minikleine Tupperdose, die er Charlotte in die Hand drückte.

»Das ist für Sie allein. Stellen Sie es in den Kühlschrank. Ich will nicht, dass jemand von denen davon isst. Das ist für morgen. Nach der Party.«

Dabei schaute er herausfordernd in die Runde, und ein besonders abschätziger Blick umfing das Liebespaar Lisa und Fabian. Die beiden saßen auf Charlottes Sofa eng beieinander, Händchen haltend.

Oh, das wird ein wahrlich feuriger Abend werden, dachte Charlotte, doch sie machte gute Miene und sagte beschwichtigend: »Dann wird es ja was Besonderes sein, was du da zubereitet hast. Dankeschön.«

Paul brummte etwas Unverständliches, schnappte sich einen Teller und ging zum Büfett. Er ist ja heute auffallend gut gelaunt, dachte Charlotte und zog die Brauen hoch.

Den beiden Mädchen Lena und Johanna war das Stirnrunzeln ihrer Lehrerin nicht entgangen, und sie nickten stumm zu ihr hin, indem sie Paul nachsahen, der mit gesenkten Schultern schnurstracks zum Sofa ging, auf dem das Liebespaar saß, mittlerweile eng umschlungen.

Lisa sah erschrocken auf, als Paul sich neben ihr hinplumpsen ließ und sie unverwandt anstarrte. Der Teller war ihm klappernd aus der Hand gefallen. Der »Zweifelhafte Pudding« der Zwillinge bedeckte grün-glibberig den kaukasischen Teppich vor dem Sofa.

»Ich bin Othello, und du bist meine Desdemona«, sagte Paul, und nun erst merkte Charlotte, dass er offenbar nicht ganz nüchtern war. Das hatte er bisher gekonnt verheimlicht. Dann hörte Charlotte, wie es hinter ihr tuschelte: »Der ist ja richtig high.«

Lisa schrie auf, als Paul ihr beide Hände um den Hals legte, und Fabian sprang vom Sofa hoch und packte Paul fest am T-Shirt. Es wäre die schlimmste Rauferei entstanden, wenn nicht einige Jungs und auch Mädchen eingegriffen hätten. Sie trennten die beiden Nebenbuhler und kümmerten sich um die weinende Lisa.

»Nie wieder«, dachte Charlotte, »nie wieder werde ich ein solches Fest veranstalten.« Und so sollte es wirklich geschehen, denn das war erst der Anfang der dramatischen Geschehnisse dieser »pfälzischen Hexennacht«.

Charlotte wollte Paul eigentlich hochkant hinauswerfen, aber sie besann sich doch noch, redete beruhigend auf ihn ein und bekam von ihm sogar ein entschuldigendes »sorry« und das Versprechen, sich ruhig zu verhalten, wenn er nur bleiben dürfe.

Charlotte traute dem Frieden nicht recht, doch in der nächsten halben Stunde verhielt sich der Eifersüchtige unauffällig, saß ruhig in einer Ecke.

Lisa und Fabian hatten sich inzwischen unter die anderen gemischt, saßen zwar nicht mehr eng beieinander, doch Charlotte entgingen die Blicke nicht, welche die beiden untereinander austauschten. Blicke voller Sehnsucht, voller Verliebtheit.

Charlotte ging in die Küche, um einige Gläser zu holen, denn es waren noch drei Spätankömmlinge erschienen, mit denen man nicht mehr gerechnet hatte. Sie erschienen verkleidet als die *three weird sisters*, die drei Hexen, die mit ihren verwirrenden, doppelsinnigen Prophezeiungen im Shakespeare-Drama *Macbeth* Unheil stifteten.

Jessi, Katja und Andrea waren das fantasievolle Dreigestirn des Kurses und immer für eine Überraschung gut. Sie zündeten auf ihrer Riesen-Hexentorte ein ganzes Feuerwerk von Sternspritzern und sangen dabei schräg und schrill: »Faul ist schön und schön ist faul.« Dabei tanzten sie einen wiegenden Hexentanz.

Vielleicht war es das Stichwort »faul«, denn Charlotte, das Tablett mit Gläsern in den Händen, rief spontan aus: »Und wo zum Teufel ist der Paul?«

Alle lachten über den unfreiwillig gelungenen Reim, doch im gleichen Moment hörte man draußen ein Auto starten. Der Motor jaulte auf wie ein gepeinigtes Tier.

»Das ist dein Auto, Fabian«, rief ein Junge. »Das klingt nach Mercedes.«

Fabian wurde leichenblass. Sein Vater hatte ihm den Mercedes ausgeliehen unter der Voraussetzung, dass er spätestens um 11 Uhr daheim wäre und garantiert keinem anderen erlauben würde, sich ans Steuer zu setzen. Hoch und heilig hatte Fabian seinem strengen Vater, einem Rechtsanwalt, versprochen, den Wagen unversehrt in der Garage abzustellen.

Alle Gäste rannten auf die Straße und riefen dem davonbrausenden Auto hinterher. Ein letztes Aufheulen des Motors, und der Mercedes verschwand, beleuchtet vom Schein der Straßenlaterne unten am Haus von Charlottes Nachbarn.

Der völlig zertrümmerte Wagen mit Pauls Leiche wurde eine halbe Stunde später gefunden. Der Fahrer war auf eine Brücke zugerast, hatte das Geländer durchbrochen und war ins Wasser gestürzt. Im Rausch, dachten alle.

Mehrere Ärzte betreuten die verstörten Jugendlichen. Für die Lehrerin kam aber jede Hilfe zu spät.

Der Schock über das entsetzliche Geschehen, das sich aus einer zunächst fröhlichen Hexenparty in eine Tragödie verwandelt hatte. Die Last der Verantwortung, der sie nicht gewachsen war. Ihr Versagen, ihre

Fehleinschätzung der Situation, all dies hatte die Frau, die schon länger herzkrank war, das aber verheimlicht hatte, das Leben gekostet.

Als am Tag nach den tragischen Ereignissen einige der Kursteilnehmer zusammen mit Kollegen von Charlotte in deren Haus die Reste der Party wegräumten, fanden sie im Kühlschrank eine kleine Plastikschüssel mit der Aufschrift: »Würmerspeise«.

Der Inhalt entpuppte sich trotz der ekligen Bezeichnung als harmlos. Er bestand aus salzigen Erdnussflips vom Supermarkt. Unter der Würmerspeise fand man einen klein zusammengefalteten Zettel: »Wenn Sie dies hier essen, werde ich selbst schon Würmerspeise sein.«

Auf der Rückseite des Zettels stand:
Oh Himmel, schütz' all meiner Freunde Herz vor Eifersucht.
Othello, Akt 3, Szene 3.

Pfälzische Giftpastete

*Dünste eine große, fein gehackte Zwiebel weich, gib
200 Gramm Champignons (am besten pfälzische) dazu
und lass sie fünf Minuten mitschmoren. Streue einen
Esslöffel Mehl darüber und rühre mit drei Achtel Liter
Milch alles zu einer dicklichen Soße.*

*Nimm die Pfanne vom Feuer und gib ein geschlagenes
und ein klein geschnittenes hartes Ei dazu. Würze mit
Salz, Pfeffer und Dill. Leg eine flache Pastetenform mit
Blätterteig aus und gieß die Mischung hinein. Mach einen Blätterteigdeckel und bestreich ihn mit Eigelb.*

*Schneide Knochen und Schädel aus und dekoriere den
Teigdeckel. Bestreiche ihn mit Ei und backe alles 30
Minuten bei 220 Grad.*

*Und merke: Es ist lustiger, wenn man Giftpilze verwen-
det, aber dann kann man's nur einmal essen.*

MARKUS GUTHMANN

Liebe geht durch den Saumagen

FREINSHEIM

Landärzte genießen besonderes Vertrauen bei der Bevölkerung im Allgemeinen und bei ihren Patienten im Besonderen. Aber die Arbeit ist nicht immer leicht und man muss sich einfühlsam auf schwierige Situationen einstellen. Totenscheine ausstellen ist eine solche Aufgabe, die zwar zur Routine gehört, aber immer wieder neue Herausforderungen stellt. Es ist schon niederdrückend, wenn die Kinder und die zweite Ehefrau am Totenbett sitzen, aber wenn ein altes Mütterlein weint, dann ist das auch für hartgesottene Ärzte mehr als nur deprimierend.

»Er hat nicht lange gelitten«, sage ich heuchlerisch zu der alten Frau, die schon lange meine Patientin ist, und nehme sie in den Arm. Dann löse ich mich schwer von ihr, lasse die Trauernden allein und gehe in die Küche, wo ich an der modernen Kochinsel den Totenschein ausstelle. »Akutes Leberversagen infolge einer schweren Hepatitis und Alkoholmissbrauchs« trage ich als Todesursache ein. Ein typisches Winzerschicksal, wird jeder sagen.

Trotz der traurigen Situation geht es mir richtig gut, sogar viel, viel besser als diesem Winzer im gleichen Alter, der jetzt mausetot in den weißen Laken liegt. Ich habe schon Zeiten erlebt, da ging es mir nicht so gut. Ich habe gesoffen, gekifft und gehurt. Nach dem Tod meiner Frau habe ich mir oft etwas von dem Zeug eingeschmissen, mit dem ich jeden Tag zu tun habe. Das habe ich jetzt alles hinter mir und muss unweigerlich an die Zeit denken, als ich Lisa kennengelernt und mich sofort in sie verliebt habe.

*

Es liegt etwa ein Jahr zurück, als mich ein paar unverbesserlich altruistische Freunde zu einer Weinprobe mitnahmen. Frustriert hatte ich ein paar Modafinil-Tabletten zum Aufputschen geschluckt und mit vier ordentlichen Wodkas nachgespült. Ich war wirklich aggressiv drauf und schwor, es würde das letzte Mal sein, dass sich meine naiven Freunde um mich kümmern wollten.

Es kam ganz anders. Als ich in dem Freinsheimer Weingut die schicke Schaubude für die Großstädter betrat, die früher einmal die Probierstube gewesen war, haute mich Lisas Anblick fast um. Es war Liebe auf den ersten Blick, obwohl ich mir bis heute nicht erklären kann, warum sie sich ausgerechnet in so einen fertigen Typ wie mich verguckte. Zugegeben, ich war trotz der grauen Schläfen immer noch ansehnlich und hatte früher nie mit Frauen Probleme gehabt. Vielleicht waren es die vielen Schicksalsschläge, durch die wir sofort eine tiefe Seelenverwandtschaft bis in die Haarspitzen spürten. Der Raum war für eine halbe Ewigkeit relativistisch gedehnt, und andere Menschen existierten so lange nicht. Ich hatte Schwierigkeiten, in die Wirklichkeit zurückzukehren, als sie mich ansprach.

»Hallo«, sagte sie einfach. »Ich bin Lisa. Schön, dass Sie gekommen sind.«

»Ich bin Dr. Wolf«, stotterte ich zunächst ungeschickt und die Röte stieg mir ins Gesicht. Dann raffte ich mich zusammen und bekam tatsächlich ein Lächeln zustande. »Entschuldigung, ich wollte gar nicht so förmlich sein. Freunde nennen mich Tom.« Ich streckte ihr die Hand hin und erinnerte mich an das erste Kapitel des Buches »Flirten für Dummies«, das tief in mir verschüttet war. Eine junge Frau reichte ein Tablett mit gefüllten Sektgläsern herum und ich nahm zwei herunter: »Bekomme ich mit jemandem Ärger, wenn Sie jetzt ein Glas Sekt mit mir trinken?«

»Vor einer Weinprobe kann ich leider nichts trinken«, sagte sie und lächelte. Dann drehte sie sich um und ließ mich mit den Gläsern in der Hand stehen. Ich machte das Beste aus der Situation und kippte beide runter. Das Zeug war vermutlich nicht schlecht, auch wenn ich härtere Sachen gewöhnt war. Trotzdem schmeckte das Gesöff schal, wahrscheinlich wegen der Abfuhr. Ich spielte einen Moment mit dem Gedanken, auf den Tisch zu springen und den Leuten den Stinkefinger und meinen nackten Arsch zu zeigen. Solche Einlagen machte ich gerne und es störte mich auch nicht, wenn mich die Bullen danach abführten.

Es waren die Blicke von Lisa, die mich um meinen kleinen Spaß brachten. Sie begrüßte fast alle Gäste persönlich, jeder schien sie zu kennen, und zwischendurch blickte sie interessiert zu mir herüber.

Einer meiner dödeligen Freunde bemerkte unseren Augensex und stupste mich an. »Hey, du Trauerkloß machst dich ja richtig. Angelst dir gleich den Star des Abends.«

Ich unterdrückte das Gefühl in meiner Faust, auch wenn ich gerne das Klatschen in seiner Fresse gehört hätte. Stattdessen ging ich auf das Gespräch ein: »Was meinst du mit Star des Abends?«

»Du bist doch ein echter Nix-Checker. Lisa ist eine der bekanntesten Sommelièren Deutschlands. Sie hat eine eigene Sendung im Fernsehen und leitet heute die Weinprobe! Mensch, man merkt echt, dass du in letzter Zeit von der Außenwelt abgeschnitten warst.« Er spielte auf meine Zeit in der Klapsmühle an und meine Faust zuckte.

»Übrigens ist sie seit einiger Zeit Witwe«, sagte er und machte dabei eine anzügliche Geste mit beiden Händen.

In der nächsten Stunde lernte ich unglaublich viel über den Beruf einer Sommelière, der aus dem mittelalterlichen Amt des Mundschenks hervorgegangen war. Der Mundschenk, lateinisch Cellarius oder Pincerna, hatte eine herausragende Vertrauensstellung bei Hofe gehabt und war noch lange Zeit später ein sehr angesehenes Ehrenamt gewesen. Lisa kam aus einer bekannten Pfälzer Gastronomenfamilie, deren gesammelte Michelin-Sterne den Walk of Fame pflastern konnten. Ich hing an Lisas Lippen und sog ihre Ausführungen über Weinsensorik ein.

Klassisch wurden Weine durch die Eindrücke von Auge, Nase, Zunge und den Abgang beurteilt. Klarheit, Reinheit und Farbe spielten eine ebenso wichtige Rolle wie der Geruch und die vielfältigen Aromen auf der Zunge sowie beim Schlucken. Hatte ich das Zeug sonst immer nur gesoffen und höchstens mal über die Sodbrennen verursachende Säure einer Rieslingschorle geschimpft, so lernte ich an diesem Tag, dass der Grauburgunder eigentlich ein Ruländer war und meist ein feines Birnen- oder Ananasaroma aufwies. Der Weißburgunder, der Chardonnay und der Trendwein Auxerrois konnten lange Zeit gar nicht unterschieden werden und nur erfahrene Ampelografen oder molekularbiologische Methoden konnten die genaue Rebsorte feststellen.

Lisa präsentierte nicht nur Weine ihres eigenen Weingutes, das sie seit dem tragischen Unfalltod ihres Mannes allein führte. Mit einer spielerischen Leichtigkeit und zahlreichen Anekdoten rund um den Weinbau in der Pfalz machte sie mit uns eine kurzweilige Reise durch die Welt edler Tropfen aus der gesamten Region.

Die Pfalz ist das zweitgrößte Weinanbaugebiet in Deutschland. Prägend für die Region sind die vielen Familienbetriebe. Dadurch hat sich eine einzigartige Vielfalt an göttlichen Flüssigkeiten ergeben. Fast viertausend Winzerbetriebe erzeugen jährlich ungefähr eine Viertelmilliarde Liter Wein, wovon ein erklecklicher Anteil am Wurstmarkt, dem größten Weinfest der Welt in Bad Dürkheim, ausgeschenkt wird. Wegen des überwiegenden Westwinds vom Atlantik liegt die Weinstraße im Lee der Haardt, was ganzjährig zu moderaten Temperaturen führt und zusammen mit den vielen Sonnenstunden ein fast mediterranes Klima bewirkt. Die Römer hatten die Reben hierher gebracht und den Urpfälzern mal schnell gezeigt, wie das Weinmachen funktionierte. Natürlich ist der Riesling die dominierende Rebsorte, aber rote Weine und vorzügliche Cuvées holen auf, was den fleißigen Winzern und dem Klimawandel zu verdanken ist. Weinfeste gibt es von März bis November, wobei die Erholungszeit einer Pfälzer Leber mittlerweile durch die zahlreichen Weihnachtsmärkte im Dezember, die Rotweinwanderungen im Januar und die Faschingsfeierlichkeiten im Februar auf ein Minimum geschrumpft ist – wie das Organ selbst.

Fast achtzig Pfälzische Weinköniginnen wurden bisher gekrönt, wobei Lisa eine davon gewesen war. Zehn Pfälzerinnen hatten schon das Amt der Deutschen Weinkönigin inne.

Neben den vielen Fakten erklärte Lisa auch die Entwicklung, eigentlich die Evolution, des Pfälzer Dubbeglases. Das Dubbeglas war ein über die Jahrhunderte ergonomisch optimiertes Trinkgefäß, das es dem Benutzer erlaubte, auch nach zwölf Uhr nachts auf einem Weinfest nur wenig Schorle zu verschütten. Das

Volumen war ein halber Liter und es hatte eine leicht konische Form, die sich deshalb in der Hand des Trinkers durch Gravitation verkeilte. Die Dubbe oder hochdeutsch Tupfen – manche Menschen würden vielleicht Vertiefungen sagen – sorgten für zusätzlichen Halt. So war auch noch zu später Stunde gewährleistet, dass das Glas in einer lustigen Runde sicher von Mund zu Mund wandern konnte.

Die Gäste waren längst gegangen, als Lisa mich in den Weinkeller führte, um mir ihre wahren Schätze zu zeigen. Ich machte ein paar alberne Vergleiche über die Farbe edler Weine und ihrer Augen. Es schien ihr zu gefallen. Schließlich zogen wir uns eine Linie von dem Stoff rein, den sie immer in ihrer Handtasche neben den Kondomen bereithielt. Dann tranken wir noch etwas mehr von ihrem vorzüglichen Winzersekt, der jetzt gar nicht mehr schal schmeckte, und auf irgendeinem Barriquefass, dessen Inhalt unter uns schwappend zu Aquavit verarbeitet wurde, der mindestens vier Mal bei rauer See über den Äquator geschippert war, hatten wir unglaublich guten Sex.

Irgendwann einmal saßen wir in bei einer leckeren Portion Saumagen in der Weinstube Sankt Martin zusammen und unterhielten uns über Pfälzer Spezialitäten. Saumagen habe ich immer gemieden, weil ich ihn für eine Variante des schottischen Haggis hielt, dessen Inhalt nur aus Innereien besteht, wurde aber von Lisa eines besseren belehrt. Obwohl die Römer schon einen *Stomachus Porci* auf ihren Speiseplan hatten, entwickelte sich die heutige Spezialität wohl erst in der zweiten Hälfte des 19. Jahrhunderts. Von jeher war es üblich, Essensreste in Därme oder Mägen zu stopfen und anschließend zu einer bekömmlichen, haltbaren Nahrung zu sieden. Wahrscheinlich in der reichen Vorderpfalz wurde das noch heute übliche Grundrezept mit vielen Kartoffeln, magerem Schweinefleisch, Bratwurstfüllseln, Eiern und Majoran erfunden. Dabei kam der Qualität der Zutaten besondere Bedeutung zu und von einfacher Resteverwertung war keine Rede mehr. Möglicherweise ist der Siegeszug des Saumagens der Kallstadterin Wilhelmine Henninger zu verdanken, die vor über hundert Jahren im gleichnamigen Wirtshaus die Spezialität in Scheiben schnitt und anbriet. Dabei ist es durchaus von Bedeutung, dass in Kallstadt bis heute der Saumagen auf dem Teller und im Glas vorkommt. Die gleichnamige Weinlage gilt als eine der besten Einzellagen für Riesling in der Pfalz, und sein Boden besteht im Wesentlichen aus Löß und Kalkmergel, was dem Wein eine wunderbare mineralische Komponente verleiht. Warum die Lage so heißt, wusste nicht einmal Lisa genau, denn es gibt verschiedene Deutungen. Er könnte aus der traditionellen Kopfbedeckung der Winzerinnen oder aus dem Uznamen eines früheren Parzellenbesitzers hergeleitet sein. Sie selbst aber favorisierte die Form der Weinlage als Erklärung, die entfernt an einen Saumagen erinnerte.

Noch beim Essen hatte ich ihr von meiner Frau erzählt, der ich nicht hatte helfen können, als sie an einem allergischen Schock gestorben war, woraufhin sie den schrecklichen Unfall ihres Mannes schilderte. Wir lagen dabei in den Weinbergen, rauchten einen Joint, der nicht aus trockenen Weinblättern gebaut war, und starrten in den Sternenhimmel.

»Der blöde Hund«, sagte sie plötzlich.

»Wer? Dein Mann?«

»Nein, der Schäferhund meines Mannes. Er ist schuld an seinem Tod.«

»Der Hund?«

»Ja, das Vieh hat immer genervt. Ständig hat es gebellt, mich angeknurrt und überall seine Haare gelassen, gegen die ich auch noch allergisch war. Deshalb hat er ihn immer mit zur Arbeit in die Weinberge genommen.«

»Was hat denn der Hund mit dem Tod deines Mannes zu tun?«

»Er war in den Weinbergen angebunden und Herrmann war mit dem Traubenvollernter unterwegs. Als er an die Rebzeile kam, wo der Hund angebunden war, ist er aus der Maschine gestiegen, um ihn woanders festzumachen. Dabei hat sich wohl die Feststellbremse gelöst, und auf dem abschüssigen Stück ist der dumme Hund dann in die laufende Leseeinheit geraten.«

»Der Schäferhund?«, fragte ich.

»Nein, mein Mann. Aber der Hund musste wegen seiner schweren Verletzungen später auch eingeschläfert werden.«

»Du musst ihn wohl sehr geliebt haben«, sagte ich nach einer einfühlsamen Pause.

»Wen, den Hund?«

»Nein, deinen Mann.«

Daraufhin schwiegen wir und blickten zu den Sternen, bevor sie mich mit Gewalt zu sich hinüberzog.

*

In den folgenden Wochen lernte ich die Deutsche Weinstraße sowie das Städtchen Freinsheim kennen und lieben. Sie schleppte mich zu ihren Kollegen von der noblen »Vereinigung deutscher Prädikatsweingüter« und erklärte mir die Besonderheiten der einzelnen Lagen, Trauben sowie der verschiedenen Keltertechniken und wie man sie systematisch herausschmecken konnte.

»Das Handwerk eines guten Sommeliers beruht auf dem außerordentlichen Geschmacks- und Geruchssinn, aber noch viel mehr auf der Fähigkeit zur Deduktion«, erklärte sie.

»Also muss ein Sommelier ein Sherlock Holmes der Weine sein?«

Lisa schaute mich nachdenklich an. »So ähnlich. Man muss aufgrund der erworbenen Theorie erklären oder ausschließen können.«

Auf dem Rückweg von ihren beruflichen Exkursionen, zu denen ich sie so oft wie möglich begleitete, schlenderten wir durch Freinsheim mit seiner mittelalterlichen Stadtmauer, die uns immer wieder Halt gab, wenn wir aus einer der vielen urigen Weinstuben stolperten.

Sie zeigte mir das »Eiserne Tor«, das niemals eisern gewesen war, sondern nur wegen der pfälzischen Verballhornung von »Äußeres Tor« zu seinem trutzigen Namen gekommen war. Ich erfuhr, dass im pfälzischen Erbfolgekrieg kein Stein auf dem anderen geblieben war und die pragmatischen Einwohner die Gebäude in der Reihenfolge ihrer Priorität wieder aufgebaut hatten. Wie es sich für Pfälzer gehört, hatten sie zuerst die Kneipe, dann das Rathaus mit seiner wunderschönen barocken Freitreppe und schließlich die Kirche wiederhergestellt.

Diese Zeit kann ich ohne Übertreibung als die glücklichste in meinem Leben bezeichnen, und deshalb traf es mich wie ein Schlag, als ich Lisa auf dem Freinsheimer Stadtmauerfest mit einem fremden Mann sah. Ich wollte zunächst einfach nur hinübergehen, um sie zu begrüßen, denn ich war in der Praxis unerwartet früh fertig geworden, als ich die fette, feiste Hand sah, die ihren Rücken streichelte. Meine Gedanken eilten voraus und es hat nicht viel gefehlt, dass ich dem Typ das Dubbeglas in den Rachen gerammt hätte. Wahrscheinlich waren die geringere Menge an Modafinil, der ausgesetzte Konsum von Hochprozentigem oder beides dafür verantwortlich, dass ich mich zurückhielt und einfach nur abwartete.

Die Eifersucht brachte mich fast um, als ich den beiden zu einem Weingut am Ortsrand folgte, das offensichtlich ihrem Begleiter gehörte. Mir war klar, was hinter der Fassade passierte, während ich im Schatten des gegenüberliegenden Hauseingangs Mordpläne schmiedete.

Nach einer Ewigkeit kam sie heraus und ich wusste nicht, was ich tun sollte. Schließlich folgte ich ihr vollkommen zugedröhnt zu ihrem Weingut. Ich hatte keinen Plan, was ich tun sollte, deshalb griff ich nochmal zu der frisch an der Tanke erworbenen Wodkaflasche und trank mir Mut an. Dann gab ich mir einen Ruck, stürmte zur Haustür und malträtierte den Klingelknopf.

Lisa öffnete mir. Sie sah verheult aus. In der einen Hand hielt sie ein Weinglas und im Mundwinkel klemmte eine Kippe. Ich ging sofort mit dem Skalpell auf sie los. Sie streckte abwehrend die Hände von sich und ließ das Glas fallen. Ein roter Dornfelder-Fleck breitete sich auf dem Boden aus und vermischte sich mit dem Blut, das aus ihrem Handballen quoll. Ich hatte sie erwischt, als sie mich abwehren wollte.

»Hör auf! Hör auf! Ich kann nichts dafür! Ich werde erpresst! Hörst du? Ich werde erpresst!", brüllte sie verzweifelt. Ich ließ sofort das Skalpell fallen und ging auf sie zu. Noch lange danach lagen wir uns in den Armen, nachdem ich sie fachgerecht verarztet hatte.

»Womit wirst du denn erpresst?«, fragte ich behutsam, und sie fing an zu schluchzen.

»Der Unfall.«

»Dein Mann?«

Sie nickte und weinte noch mehr. Ich wartete, bis sie weiterredete.

»Es war kein Unfall.«

»Was denn dann?«, wollte ich wissen.

»Der Hund ist schuld.«

»Der Hund hat ihn umgebracht?«

»Nein, natürlich nicht. Ich wollte den Hund mit der Lesemaschine überfahren. Das blöde Vieh, das mich nicht mochte. Da hat er sich in den Weg geworfen und ist in die Maschine geraten. Ach, Tom, es ist so schrecklich!« Sie weinte bitterlich und ich war mir noch nicht sicher, ob ich ihr glauben sollte.

»Also war es doch ein Unfall. Du wolltest den Hund umbringen, nicht deinen Mann.«

Sie schluchzte immer noch rotzerbärmlich. »Du glaubst mir nicht«, sagte sie dann. »Das spüre ich doch!"

»Ich glaube dir, mein Schatz. Natürlich glaube ich dir«, beruhigte ich sie und wartete wieder eine einfühlsame Weile. »Warum wirst du dann erpresst?«

»Gregor ist der Halbbruder meines Mannes. Er sagt, er hätte Beweise, dass ich seinen Bruder umgebracht habe. Er will mich! Er will mich sogar heiraten!«

»Was für Beweise sollen das sein?«

»Er sagt, er hätte gesehen, wie ich den Hund angebunden und so lange gewartet habe, bis Herrmann ausgestiegen ist und ich schließlich den führerlosen Vollernter erklommen und Gas gegeben habe.«

»Was solltest du denn für ein Motiv gehabt haben?«

Sie zuckte mit den Schultern. »Herrmann und ich hatten einen Ehevertrag, nach dem ich im Fall einer Scheidung leer ausgegangen wäre.« Ihr Augenaufschlag war wunderbar unschuldig.

»Wolltet ihr euch denn scheiden lassen?«

»Wir hatten Probleme, so wie in jeder Ehe«, wich sie der Frage aus und schniefte.

»Aber dann steht doch nur Aussage gegen Aussage. Du hast nichts zu befürchten.«

»Er hat Fotos gemacht! Mit seinem Handy!«, schrie sie.

Ich musste überlegen. »Hast du die Fotos gesehen?«

Lisa nickte.

»Dann haben wir ein Problem«, sagte ich.

»Wir?«, fragte sie.

»Natürlich, wir! Ich helfe dir da raus, garantiert!« Sie umarmte mich. »Der Preis ist aber hoch, denn du musst ihn heiraten.«

»Was? Ich soll dieses hässliche Scheusal heiraten!«, rief sie entrüstet.

»Das Schlimmste hast du ja schon hinter dir, als du mit ihm im Bett warst. Glaubst du, es kann noch schlimmer kommen?« Dann erklärte ich ihr meinen spontanen Plan, von dem ich auch erheblich profitieren würde.

»Wir müssen uns trennen«, sagte ich schließlich.

»Was?«, schluchzte sie. »Ich liebe dich! Ich will mit dir zusammen sein!«

»Ich liebe dich auch, aber wenn wir jemals wieder glücklich sein wollen, dann müssen wir jetzt beide vernünftig sein.«

»Das kann ich nicht!«, rief sie.

»Wir werden uns heimlich treffen, bis unsere Zeit gekommen ist. Hör mir einfach zu …«

Nach einer Weile guten Zuredens verstand sie und dann bewies sie mir einmal mehr, dass das Leben nicht nur aus Mord und Totschlag bestand.

*

Ich stehe an der Kochinsel und setze entschlossen meine Unterschrift unter den Totenschein. Es ergibt alles einen Sinn und ich kreuze den Punkt »natürlicher Tod" an. Vor einigen Monaten hatte ich bei Gregor bestürzt eine hochgradige Hepatitis festgestellt, aber er wollte partout nicht mit dem Weintrinken aufhören. Seine Frau hatte auch erklärt, dass er am Wochenende an einer starken Grippe mit Durchfall litt und mich, seinen Hausarzt, anrufen wollte, während sie auf seinen ausdrücklichen Wunsch hin auf dem Weg zu einer VDP-Tagung war. Dass er mich dann doch nicht angerufen hatte, war sein Pech, denn ich hätte ihn unverzüglich ins Krankenhaus einweisen müssen.

Was natürlich nirgends steht, ist die Tatsache, dass die Hepatitis auf einer Scheibe Saumagen gelauert hatte, die ich mit der Hilfe von Lisa und ein wenig Blut eines anderen Patienten vor einiger Zeit präpariert hatte. Die im schönen Pfälzer Wald gesammelten grünen Knollenblätterpilze haben ihm dann den Rest gegeben. Ein bis zwei davon reichen, um ein Pferd umzuhauen. Lisa hat mir noch erzählt, wie sehr er sich über die raffinierte Saumagenvariante mit Pilzen gefreut hat. Die Grippe- und Durchfallsymptome sind typisch für eine Vergiftung durch Amatoxine und Phallotoxine. Mit der Art seines Ablebens ist er in bester Gesellschaft mit einigen Kaisern, Päpsten und Zaren. Der Tod von Kaiser Karl VI. führte zum österreichischen Erbfolgekrieg, und Voltaire philosophierte: »Dieses Pilzgericht hat das Schicksal Europas verändert.«

*

Wir treffen uns, wie so oft im letzten Jahr, in einer netten Hotelsuite, diesmal in Frankfurt. Ich hatte sie auf meinen Namen gebucht und dank der Vorsicht haben wir es offensichtlich geschafft, unser Verhältnis geheim zu halten.

»Hat alles geklappt?«

»Klar. Du weißt doch, dass du dich auf mich verlassen kannst. Keiner wird die wahre Todesursache entdecken. Alle Beweise sind verschwunden und wenn er erst einmal eingeäschert ist, gibt es kein Risiko mehr. Es war schon clever von dir, überall herumzuerzählen, dass er trotz seiner Hepatitis nicht mit dem Saufen aufhören konnte, obwohl er praktisch trocken war. Damit ist das Leberversagen nur zu logisch. Auch die Dosis an Beruhigungsmitteln, die du ihm am Wochenende, während seiner Krämpfe gegeben hast, war optimal.«

»Du hast mir doch alles erklärt. Ich konnte gar nichts falsch machen.«

»Aber du hast den Plan perfekt umgesetzt«, lobe ich sie noch einmal.

»Ich liebe dich! Komm, das müssen wir feiern!«

Sie geht zu der Anrichte und kommt mit einer Dekantierkaraffe zurück, in der ein blutroter Wein schwappt. »Ich wusste, dass du Erfolg hast, deshalb habe ich eine meiner besten Flaschen aufgemacht. Der Geschmack wird dich umhauen.« Sie schenkt mir ein großes, dünnwandiges Glas ein, während ich mich in einen gemütlichen Sessel in der Leseecke fallen lasse. »Probier mal. Ich bin gespannt, ob du sensorisch alles herausfindest.«

Ich halte das Glas gegen die weiße Wand und schaue mir die Farbe des ersten Millimeters sowie die langsam herabfließenden Tränen genau an. »Der Wein ist älter als fünf Jahre, aber noch keine zehn.« Dann strecke ich meine Nase in das Glas und urteile: »Er hat sehr starke Aromen. Spritzig, bissig und sehr nobel. Das muss ein 2007er sein.«

»Sehr gut!«, sagt Lisa. »Mach weiter.«

Ich schwenke das Glas kräftig, wodurch sich die Geruchsaromen verstärken und andere Duftnoten bemerkbar machen. Natürlich habe ich die ganze Zeit das Glas am langen Stiel gehalten. Niemals hätte ich es am Korpus berührt. Hautfett, Seifen und Cremes versauen die olfaktorische Wahrnehmung ungemein. »Die rote Johannisbeere dominiert ...« Ich schlürfe einen winzigen Schluck und ergänze: »... aber da ist auch noch Kirsche und vielleicht auch etwas Erdbeere zu schmecken.«

»Sehr gut, du bist schon ein richtiger Profi!«, lobt mich Lisa.

»Der Geschmack ist sehr ausgewogen und die Säure zergeht fein auf der Zunge.« Ich schlucke und warte. »Der Abgang ist intensiv und wunderbar lang. Kurzum: der Wein ist ein Meisterwerk und eine Köstlichkeit. Wegen des minimal erdigen Geschmacks ist er ein Pfälzer Produkt und wegen der Vielfältigkeit ein Cuvée aus mindestens fünfzig Prozent Spätburgunder, dreißig Prozent Cabernet Sauvignon, und der Rest ist Sankt Laurent und ein wenig Portugieser. Sehr aufwendig in der Herstellung und von einem erstklassigen Kellermeister zusammengestellt. So etwas bekommt man nicht alle Tage. Er schmeckt fast wie dein hervorragendes ›Cuvée Betörung‹, wenn da nicht die kleine Nuance wäre, die ich nicht einordnen kann.«

»Aber genau darauf kommt es an!«, stachelte mich Lisa an. »Was ist es? Gib nicht auf!«

Ich schnüffele nochmal an dem Wein, nehme einen tiefen Schluck. »Hm, da ist etwas, das sogar etwas stört.« Ich trinke weiter in größeren Schlucken und schmatze beim Probieren. »Ich würde sagen, es hat etwas Chemisches.« Lisa schaut mich nur an, sagt aber nichts. »Ich glaube, es schmeckt und riecht wie Diazepam.«

Lisas große, schöne Augen sind mittlerweile nur noch Schlitze. »Perfekt. Ich staune, wie du das herausschmecken konntest. Du bist jetzt ein echter Meister.«

Ich fühle mich mit einem Mal schwach, aber trotzdem relaxt. Wie viele Einheiten hat sie mir verpasst? Es müssen etliche sein. Ich kann die Arme kaum noch bewegen und sehe sie von ganz weit weg mit einer Kerze, einem Löffel und einer Spritze hantieren. Ich sehe sie fragend an.

»Du hast mir selbst erklärt, dass Modafinil Selbstmordgedanken auslösen kann. Die Bullen werden denken, dass du einen Rückfall gehabt und einen neuen Drogenkick gesucht hast. Erst recht bei all dem Zeug, das sie hier und in deiner Wohnung finden werden«, sagt sie und erwärmt die Lösung auf dem Löffel über der Kerzenflamme. Neben der Kerze liegt eine Spritze bereit.

»Warum willst du nicht mit mir teilen?«

»Ich teile mit niemandem. Das habe ich schon zu Herrmann gesagt, als er sich scheiden lassen wollte, und Gregor, der elende Erpresser, wollte mir auch nicht glauben.«

»Du hast viel von mir gelernt«, hauche ich.

»Ich weiß«, antwortet sie und ich höre trotz der Agonie, wie ihr Handy klingelt.

»Ach, du bist es. Du rufst leider zu einem sehr ungünstigen Zeitpunkt an«, sagt Lisa und hört eine Weile einer aufgeregten Stimme am anderen Ende der Leitung zu. »Jetzt beruhige dich doch. Was meinst du damit, Gregor hat nach seiner Diagnose nichts mehr getrunken und der Totenschein kann nicht stimmen?« Noch eine Weile höre ich, wie Lisa beschwichtigend auf ihre Schwiegermutter einspricht, bevor sie endlich das Gespräch beendet und den Löffel beiseitelegt.

»Wach auf, Tom, du musst mir helfen«, sagt sie und schlägt mir auf die Wangen.

»Du wolltest mich umbringen«, sage ich schwach.

»Quatsch, ich wollte dich nur testen. Ich liebe dich doch«, antwortet sie und gibt mir einen Kuss. »Wir müssen uns jetzt gemeinsam um meine Schwiegermutter kümmern.«

Benommen nicke ich und gebe ihr recht, dass wir schnellstens das Problem Schwiegermutter lösen müssen. Aber danach werde ich mir Gedanken um die schwarze Witwe machen, der ich so stark verfallen bin, denn auch ich habe einschlägige Erfahrungen. Von wegen allergischer Schock, dass ich nicht lache ...

Pfälzer Saumagen, klassisch (ohne Pilze)

Zutaten:
1 Schweinemagen
350 g Schweinefleisch, mager
350 g Schweinebauch, mager
350 g Schweinehackfleisch
350 g Bratwurstbrät
500 g Kartoffeln, festkochend
1 Karotte
1/2 Stange Lauch
1 Zwiebel
etwas Butter
1 altes Brötchen
4 Eier
1/2 gehackte Knoblauchzehe
1/2 Bund gehackte Petersilie
6-8 Zweige frischer Majoran, gehackt
30-40 g Salz
2-3 TL Pfeffer
1 TL Muskatnuss
Nelken

Zubereitung:
Die geschälten Kartoffeln und die geputzte Karotte in kleine Würfel schneiden, wenige Minuten in heißem Wasser anbrühen und dann erkalten lassen. Die Zwiebel und den Lauch klein schneiden und in etwas Butter andünsten. Das Fleisch in kleine Würfel schneiden und danach alles Fleisch und Brät mit dem gewässerten (mit Milch geht's auch) Brötchen und den Eiern zu einer homogenen Masse vermengen und würzen.
Dann das Gemüse und alle anderen Zutaten dazugeben und nochmals gründlich mischen. Den sorgfältig

gewaschenen Saumagen (kann der Metzger machen) an zwei Öffnungen zubinden und die Masse nicht zu prall einfüllen, damit er beim Brühen nicht platzt. Die verbliebene Öffnung zubinden und den Saumagen bei 90 Grad etwa drei Stunden ziehen, keinesfalls kochen lassen. Entstehende Luftblasen vorsichtig einstechen. Überschüssige Füllung kann in einem passenden Kunstdarm entsprechend kürzer gebrüht werden.

Der Saumagen wird mit einem scharfen Messer in Scheiben geschnitten und sofort serviert. Natürlich kann er zusätzlich noch angebraten oder gegrillt werden, was sich nach Meinung des Autors vor allem für übriggebliebene Scheiben an den folgenden Tagen eignet. Unverzichtbare Beilagen sind Weinsauerkraut und frisches Bauernbrot. Oftmals werden auch Brodkartoffle oder Stompes gereicht. Fehlen darf aber auf keinen Fall ein gutes Glas Riesling oder eine Rieslingschorle, natürlich nur im Dubbeglas.

KERSTIN LANGE

Des Guten zuviel

SONDERNHEIM

Von klein auf war bei Esther alles ein wenig zu viel. Als Baby war sie etwas schwerer als die anderen im Krankenhaus, ihre Stimme war immer etwas lauter, sie sprach immer etwas zu schnell. Manchmal dauerte es etwas zu lange, bis sie einen Witz verstand, und lachte dann schallend, wenn alle anderen bereits verstummt waren.

Verliebt habe ich mich trotzdem in sie, vielleicht, weil auch ich nicht perfekt bin. Gegensätze ziehen sich an. Während bei ihr alles etwas zu viel ist, fehlt bei mir stets ein bisschen.

Mir fehlte die eine gute Note, um aufs Gymnasium zu kommen, mir fehlten eineinhalb Zentimeter Körpergröße, um bei der Polizei angenommen zu werden.

Für das Theaterstück fehlte mir die Nuance mehr Präsenz, den Führerschein erreichte ich erst beim zweiten Anlauf, denn mir fehlten bei der praktischen Prüfung zwei Zentimeter, um innerhalb der markierten Parkfläche zu halten. Dem Prüfer reichte es, um den Kopf zu schütteln und mich noch einmal sehen zu wollen.

Für die Qualifikation zur Schulmeisterschaft im Sprinten fehlten mir zwei Zehntel, beim Schwimmen verpasste ich um Fingernagelbreite Platz drei.

Für die trendige Popperfrisur war mein Haar ein wenig zu dünn, für die angesagte Brillenfassung mein Kopfumfang zu klein.

Für die Latzhosen waren meine Beine zu kurz geraten, um gut auszusehen. Für Esther reichte es, sie verliebte sich in mich. Wenn auch erst, nachdem der Star der Schule sie nach einem One-Night-Stand hatte fallen lassen.

Nun feiern Esther und ich in zwei Wochen goldene Hochzeit. Das fühlt sich gut an. Unser Leben ist zufriedenstellend verlaufen. Wir leben in unserem schönen Eigenheim in Sondernheim, genießen die ländliche Idylle und die Nähe zum Rhein. Die Konzerte in der alten Ziegelei sind immer wieder ein Genuss.

Natürlich ist die Zeit an mir nicht spurlos vorbeigegangen. Mein Haar ist noch dünner geworden, und ich lasse es wachsen, um Fülle vorzutäuschen.

Auch Esther hat sich verändert. Obwohl sie behauptet, sie halte ihr Gewicht seit unserer Hochzeit konstant und trage noch immer Kleidergröße 36.

Tatsächlich trägt sie immer noch Größe 36; doch selbst wenn sich ihr Gewicht nicht verändert haben sollte, ihr Körperbau hat es. Die Gravitation fordert ihr Recht. Der Busen rutscht in Richtung der Füße, der Bauchumfang verdoppelt sich und sitzt etwas tiefer als mit Anfang zwanzig. Ihr Büstenhalter zaubert eine zusätzliche Brust, das Dekolleté ist gewaltig.

Ihre Haare sind etwas zu blond, die Augenbrauen zu schwarz, die Wimpern zu lang, die Absätze zu hoch. Ich weiß gar nicht, ob Esther unsere Unterschiede ebenso wahrnimmt wie ich, wir haben nie darüber gesprochen.

Dennoch leben wir ein schönes Leben. Es macht Spaß mit Esther, sie bringt mich immer zum Lachen. Vor allem liebe ich ihre Kochkünste. Ihre Zwiwwelnudele sind ein Gedicht. Allerdings kann ich nicht so viel essen, mein Magen ist klein, der Appetit gering. Esther muss dann immer alles aufessen, was sie gerne macht, denn Verschwendung ist ihr ein Gräuel. So passt es wieder. Yin und Yang. Alpha und Omega.

Bei dem Gedanken an Esthers leckere herzhafte Nudeln läuft mir das Wasser im Mund zusammen. Ich muss sogar zugeben, dass das Ergebnis besser als das meiner Mutter ist. Das will etwas heißen.

Meine Mutter, Gott hab sie selig, ist vor zwei Monaten gestorben. Ich trauere immer noch um sie, sie fehlt mir sehr. Die letzten Wochen im Hospiz waren beschwerlich. Für alle – die Pfleger, Esther, mich und natürlich für Mutter.

Um mich abzulenken, lese ich immer wieder in wissenschaftlichen Zeitungen, meist online, denn ich gehe mit der Zeit. Vor ein paar Tagen bin ich über einen sehr interessanten Artikel gestolpert. Es ging um Doping. Ich schaue mir gerne Sportsendungen im Fernsehen an, wundere mich jedesmal über die grandiosen Leistungen und immer bessere Wettkampfzeiten. Fragen Sie sich auch manchmal, ob das alles mit rechten Mitteln zugeht?

Auf jeden Fall war in diesem Artikel der Ursprung des Dopings beschrieben. Die Menschen haben schon immer versucht, ihre Leistung zu steigern. Sie versuchten Kräuter und andere Mittel der Natur, und es kam auch etwas zum Einsatz, das mich sehr überraschte.

Arsen.

Man nahm Arsen zur Stimulanz, Pferden gab man es, damit ihr Fell dichter und glänzender wurde und um ihren Appetit zu steigern.

Ich streiche mit der Hand durch meine Haare und mit der anderen befühle ich die Hosenträger. Der Gürtel allein reicht nicht, um den Hosenbund da zu positionieren, wo er hingehört. Sie ahnen es: Mir fehlen ein paar Zentimeter Bauchumfang, um die Hose auszufüllen.

Auch wurde Arsen noch in den 60er- und 70er-Jahren bei Schuppenflechte eingesetzt.

Da klingelt es in meinem Kopf, ich erinnere mich vage, dass meine Mutter mit Schuppenflechte zu tun hatte.

Mutter ist eine Jägerin und Sammlerin gewesen, hat alles aufgehoben, nichts weggeworfen. Nach ihrem Tod habe ich ihre Habseligkeiten in Kisten verpackt, ohne sie durchzusehen. Täglich nehme ich mir vor auszumisten, doch letztendlich fehlt mir der Antrieb, der aufmunternde Tritt, um es endlich anzugehen. Esthers Vorschlag, alles einem professionellen Entrümpler zu übergeben, kann ich nicht annehmen.

Meine Frau macht einen großen Bogen um die Habseligkeiten meiner Mutter. Sie will damit nichts zu tun haben. Irgendwie kann ich es verstehen.

In den Kisten, die nach Themen beschriftet sind und auf unserem Speicher lagern, ist Mutters Leben konserviert. Der Artikel über Arsen setzt in mir die Energie frei, zumindest die Kiste mit den Medikamenten zu durchstöbern.

Unglaublich, was sich im Laufe der Jahre ansammelt. Ich wühle mich durch alte Schmerztabletten, Penicillin und anderes Zeug und halte plötzlich wirklich eine braune Flasche in der Hand. Sie ist bis zur Hälfte gefüllt mit einem weißen Pulver. Mit zittrigen Händen öffne ich sie, schnuppere daran. Geruchs- und geschmacksneutral, wie es in dem Artikel stand.

Ich gebe zu, ich habe mit mir gekämpft. War hin und her gerissen zwischen Neugier und Furcht. Meist brauche ich einen Anstoß von außen, mir fehlt oft dieser letzte Pusch, meinen inneren Schweinehund zu überwinden.

Vor einer Woche habe ich es zum ersten Mal probiert. Eine winzige Prise habe ich in meinen abendlichen Ruländer gestreut. Die Vorstellung, an meinem 50. Hochzeitstag dichteres Haar zu haben, vielleicht etwas voller zu wirken und mehr Energie zu besitzen, verdrängt alle Zweifel. Das Ergebnis überrascht mich. Bereits zum Frühstück verspüre ich Hunger! Ich verspeise zwei Scheiben von Esthers leckerem selbst gebackenen Brot mit Weingelee. Natürlich auch selbst hergestellt.

Esther sagt nichts, beginnt jedoch schon mit den Vorbereitungen für das Mittagessen. Die Gerüche aus der Küche sind fantastisch. Ich habe tatsächlich Hunger. Ich recherchiere weiter über Arsen, bin neugierig, was das Mittel noch alles kann. Als Esther sich über mich beugt, um mir eine Kostprobe der Kartoffelsuppe zu bringen, kann ich im letzten Moment die Internetseite schließen. Was bleibt, ist die dominante Werbung für ein Mittel gegen Potenzstörung. Esther betrachtet mich argwöhnisch und grinst.

Verlegen probiere ich die Suppe, die wie immer köstlich schmeckt, und Esther pfeift ein Liedchen in der Küche. »Kaum zu glauben, dass wir bald fünfzig Jahre zusammen sind, oder?«, fragt sie und ich stimme mit hochrotem Kopf zu.

Soll sie ruhig denken, dass ich mir zum Hochzeitstag etwas Besonderes überlegt habe, und wer weiß, vielleicht hilft Arsen auch in der Richtung. Es lief in den letzten Jahren, sagen wir mal, nicht immer optimal.

Ein paar Tage sind vergangen. Jeden Abend habe ich eine kleine Prise Arsen in meinem Wein aufgelöst. Die Waage zeigt zwei Kilogramm mehr an, der Schnurrbart wächst dichter und mein Haar gewinnt an Glanz und Fülle.

Sogar Esther fallen die Veränderungen auf und gestern Abend kam es im Bett zu …

Davon will ich jetzt nicht erzählen, aber es ist ein Fortschritt.

Heute, wenige Stunden vor unserem großen Tag, hat mir Esther wieder Pfälzer Zwiwwelnudele versprochen. Dummerweise geht es mir nicht so gut, ich liege auf dem Sofa und ruhe mich etwas aus. Seit dem frühen Morgen plagen mich leichte Bauchkrämpfe. Gestern Abend verzichtete ich auf die Prise Arsen, weil mir etwas unwohl war.

Eine Überdosierung kündigt sich so an. Und ich will doch für meinen Hochzeitstag fit sein. Esther ist wie immer um mein Wohl besorgt, ihr Mittel gegen Unwohlsein bestand im Essen. Gutem Essen.

Ich kann sie nicht enttäuschen, ich muss essen, was sie mir mit so viel Liebe serviert. Es lässt sich nicht leugnen, unsere Beziehung hat gewonnen, seit ich mit großem Appetit alles esse, was sie kocht.

Als die gut riechenden Nudeln vor mir auf dem Teller liegen, weigert sich alles in mir. Doch Esther schaut mich so lieb an, ihre viel zu roten Lippen glänzen, die dunklen Augenbrauen stechen wie Dachbalken ins Auge und ihre gebleichten Zähne strahlen mich an.

Ich mag nicht essen, doch ich sage nichts, möchte unsere frisch gewonnene Harmonie nicht in Gefahr bringen.

Jeder Bissen fällt mir schwer. Esther zuliebe bin ich tapfer und leere den ganzen Teller.

Sie lächelt so schön. In dieses Lächeln habe ich mich vor über einem halben Jahrhundert verliebt.

»Du bist so süß«, sagt sie. Irritiert blicke ich auf. Was kommt jetzt? Liebesbekundungen sind zwischen uns nicht üblich.

»Heimlich dieses Zeug nehmen und nichts erzählen.«

Woher ...?

»Du bist immer so zögerlich, manchmal muss man volles Risiko eingehen.«

Ich weiß noch immer nicht, wovon sie spricht.

»Damit du morgen fit bist, habe ich gestern und heute mal etwas mehr von dem Wunderpulver ins Essen gegeben. Viel hilft viel. Du hast doch gemerkt, dass du in der letzten Zeit viel fitter geworden bist.«

»Esther«, bringe ich schockiert heraus, »wovon sprichst du?«

»Na, von dem Zeug in der braunen Flasche.« Sie lacht. »Diese Onlinehändler sind ja sehr diskret in ihren Verpackungen. Ich habe mal einen kräftigen Löffel in die Zwiebel-Speckmischung gegeben.« Sie flüstert: »Du hättest mir ja auch was sagen können.«

Mir fehlen die Worte. Ich rufe mir den Artikel ins Gedächtnis. Die letale Dosis liegt bei 60-170 Milligramm. Die habe ich in mir, ich kenne Esthers Gabe, immer zu viel zu nehmen. Der Gedanke, der bleibt, ist, dass ich kurz davor stehe, meinen 50. Hochzeitstag zu feiern. Es fehlt nur ein ganz kleines bisschen.

Pfälzer Zwiwwelnudele

Zutaten:
500 g Bandnudeln
6 Zwiebeln
200 g Speck, durchwachsen
4 Eier
Butterschmalz
Schnittlauchröllchen
Prise Salz, frischer Pfeffer aus der Mühle

Zubereitung:
Die Nudeln ins kochende Salzwasser legen und gar kochen. Die Zwiebeln währenddessen in Ringe schneiden. Das Butterschmalz in der Pfanne auslassen und die Zwiebeln anrösten. Den Speck in schmale Streifen schneiden und dazugeben.
Die Nudeln gut abtropfen lassen. Die Eier verquirlen, mit den Nudeln in die Pfanne geben und gut stocken lassen. Mit Salz und Pfeffer würzen und die Schnittlauchröllchen darübergeben.

MARKUS GUTHMANN

Von höllischen Latwergen

GLEISZELLEN

Zürner war einer der wenigen, der noch Atomsuppe kochen konnte. Früher, als von Atomausstieg und Energiewende noch nicht die Rede war, da gab es noch bedeutend mehr Kerntechniker. Zürner machte der Job in der Aufbereitungsanlage nach wie vor Spaß und zusätzlich lehrte er als Honorarprofessor an der Uni für die immer weniger werdenden Studenten.

Er seufzte, als er an Sabine seine große Liebe dachte, die schon beinahe vierzig Jahre tot war und heute Geburtstag gehabt hätte. Wut stieg in ihm auf, aber er musste sich auf seine Arbeit konzentrieren und verdrängte alle bösen Gedanken für einen Moment. Er arbeitete mit dem ferngesteuerten Greifarm, der hinter dicken Bleiglasscheiben schnell und präzise die unterschiedlichsten Teile auf ein Förderband wuchtete. Hier wurden die Zutaten für die Atomsuppe zusammengestellt. Das Anrühren von Atomsuppe ist ein erster Prozessschritt bei der Wiederaufbereitung von Atommüll, bevor er schließlich der Zwischen- und Endlagerung zugeführt wird. Es lohnt sich den Atommüll aufzubereiten, denn das enthaltene Plutonium und Teile des Urans können zu neuem Brennstoff verarbeitet werden.

Die abgebrannten Brennstäbe und der andere Müll wurden unter hohen Sicherheitsvorkehrungen angeliefert, demontiert, in einem Shredder zerkleinert und anschließend in kochender Salpetersäure aufgelöst. Das ist die Atomsuppe, wie sie die Atomkraftgegner nennen. Zürner gefiel der Begriff, denn er beschrieb die blubbernde und manchmal leuchtende Brühe am Besten. In der Suppe, die tagelang vor sich hin brodelt, fand sich nach einiger Zeit kein fester Bestandteil mehr.

Zürner lächelte. Er hatte seiner betagten Mutter versprochen, abends beim Kochen von Pfälzer Latwerg zu helfen, eine Arbeit, die die alte Dame nicht mehr alleine bewältigen konnte. Dann lachte er leise, als er Vergleiche mit der Suppe hinter der Sicherheitsscheibe und seiner geplanten Feierabendbeschäftigung zog. Kochen von Latwerg war in seiner Kindheit ein echtes Familienereignis gewesen, bei dem seine Mutter den Ton angab und ihn mit Faust-Zitaten erschreckte. Unwillkürlich zitierte er selbst den Faust:

> *Hier war die Arzenei, die Patienten starben,*
> *Und niemand fragte: wer genas?*
> *So haben wir mit höllischen Latwergen*
> *In diesen Tälern, diesen Bergen*
> *Weit schlimmer als die Pest getobt.*
> *Ich habe selbst den Gift an Tausende gegeben:*
> *Sie welkten hin, ich muß erleben,*
> *Daß man die frechen Mörder lobt.*

Er wandte sich wieder dem unheimlichen, zischenden und dampfenden Prozess im Hochsicherheitstrakt zu, der auch einen Flugzeugabsturz überstehen würde. Wenn aus der Suppe das noch brauchbare Spaltmaterial mit bestimmten physikalisch-chemischen Verfahren abgeschieden war, dann wurde der Rest, wie der Pfälzer Latwerg, eingekocht und eingedickt.

Das geschah, indem die Atomsuppe zusammen mit glasbildenden Materialien, in einen keramischen Schmelzofen befördert und so lange erhitzt wurde, bis sich ein homogener, glasartiger Stoff gebildet hat, der einmal in genormte Gefäße gefüllt, den Einmachgläsern der Mutter ähnelte.

Nach dem Abkühlen wurden die sogenannten Kokillen in die berühmt-berüchtigten Castor-Behälter geladen und an den Herkunftsort des Atommülls zurückgeschickt. Die Charge, die er gerade bearbeitete, ging nach Gorleben zurück.

Ein Alarm leuchtete auf der Prozesstafel auf. Zürner prüfte sofort den Status am Computer und fluchte, als er feststelle, dass das Problem am Anfang des Bandes sein musste. Irgendwo im Bereich des Shredders oder des Förderbandes. Er gab dem Kollegen in der Leitwarte ein Zeichen, dass er reingehen würde. Nicht, dass ihm das viel ausmachte. Das war nicht gefährlicher, als der Job eines Feuerwehrmannes, denn er würde sich nur ganz kurz im Vorhof der Hölle aufhalten.

Nachdem er sich sorgfältig den Schutzanzug in der mehrfachen Schleuse angelegt hatte, betrat er den Shredder-Raum und identifizierte das Problem mit einem Blick. In den äußeren Rollen des Förderbandes klemmte ein Ärmel von einem kontaminierten, gelben Schutzanzug an dem sogar noch der Handschuh befestigt war. Zwar wunderte er sich, warum das Stück weitgehend unversehrt den Shredder übestanden hatte, aber nicht darüber, dass in dem Ärmel ein blutiger Arm steckte, der gewaltsam vom Rumpf eines menschlichen Körpers abgetrennt worden war. Zürner legte den Arm ungerührt auf das Band zurück, woraufhin dieser im Schlund des Suppenkessels verschwand.

* * *

Die Zwetschgen waren entkernt und köchelten jetzt in einem großen Topf für mehrere Stunden. Er hatte eine

Flasche Gelben Muskateller aus Gleiszellen geöffnet, den die Mutter so gerne trank.

»Du siehst so fröhlich aus. Gibt's was zu feiern?«, fragte sie.

»Ich bin auf einer Zeitreise. In eine unbeschwerte Zeit, als hier die ganze Familie Latwerg gekocht hat. Das war immer ein besonderes Ereignis gewesen.«

»Ja, daran denkst du gerne, aber da ist noch eine Veränderung an dir.«

»Ach, Mama. Willst du mich verhören?«, sagte Zürner lachend.

»Sabine hat heute Geburtstag«, sagte sie ernst. Trotz ihres gebrechlichen Äußeren steckte in ihr noch ein scharfer Verstand. »Wir haben ihre Mörder nie gefasst.«

»Ja, weil dein verdammter Polizeiapparat sie gedeckt und weggeschaut hat«, entfuhr es Zürner heftig. Seine Mutter war nach dem Krieg eine der ersten Polizistinnen gewesen und ist Ende der sechziger Jahre sogar in den Kriminaldienst übernommen worden. Die Familie war immer mächtig stolz auf sie gewesen. Ihr konnte man nichts vormachen.

»Wie war das nochmal mit der ›Republik Freies Wendland‹ gewesen?«

Die Frage traf Zürner wie einen Schlag. Nur wegen Sabine ist er damals auf die Antiatomkraftdemos gegangen, obwohl er schon einige Semester Kerntechnik studiert hatte. Es waren wilde Zeiten gewesen. Der Nato-Doppelbeschluss beschäftigte die politische Jugend so sehr wie die Atomfrage und »Die Grünen« standen vor dem Sprung in die Politik. Demos gab es jede Woche, aber in der »Republik Freies Wendland« wurden Maßstäbe des friedlichen Widerstandes gesetzt. Doch es gab dort auch eine kleine Gruppe militanter Atomkraftgegner, in die ihn Sabine einführte und die bereit waren, Anschläge auf die Atomindustrie auszuführen. Zürner war zwischen den Gegnern und Befürwortern hin und her gerissen, aber seine Liebe zu Sabine gab den Ausschlag. In der ›Republik Freies Wendland‹, dem anarchistischen Dorf der Atomkraftgegner in der Lüneburger Heide verbrachten sie ihre glücklichste Zeit. Zürner besaß heute noch als Erinnerung den »Wendenpass«, der für das ganze Universum galt, »solange sein Inhaber noch lachen kann«. Die Republik existierte gerade mal einen Monat lang und wurde dann von der Polizei aufgelöst. Die militante Gruppe ging in den Untergrund und im Sommer war Sabine tot. Vergewaltigt und erwürgt von mehreren Tätern.

»Du weißt schon, dass sie die Informantin des Verfassungsschutzes war.«

Zürner nickte schwach. Er wollte es die ganzen Jahre nicht wahrhaben, denn er hatte andere aus der Gruppe im Verdacht. Ansgar, Lothar, Annemarie. Genau jene drei, die nach dem Mord spurlos verschwunden waren. Wie hätten sie sonst ohne staatliche Hilfe untertauchen können? Zürner stand auf und rührte im Latwerg, der langsam immer zäher wurde.

»Sie sind in die DDR geflohen. Dort bekamen sie neue Identitäten und standen so hoch im Kurs wie die geflohenen RAF-Terroristen.«

Zürner sagte nichts, er rührte nur.

»Sie wurden dazu ausgebildet, in der Bundesrepublik Anschläge auf Atomanlagen auszuführen«, fuhr Zürners Mutter unbeirrt fort.

»Woher weißt du das alles?«, schrie Zürner.

»Du weißt es doch auch. Ich weiß es von einem alten Stasi-Offizier, der mich vor ein paar Jahren besucht hat. Unterlagen gab es über den Fall nämlich nicht mehr. Ganz im Gegensatz zu denen der RAF-Terroristen.«

»Dich hat ein alter Stasi-Offizier besucht? Was hast du mit solchen Leuten zu tun?«

»Ach, Junge. In den späten Siebzigern war ich an den Verfassungsschutz ausgeliehen. Der ›Deutsche Herbst‹ und so. Da hatten die Personalnot.«

»Mama, ich staune echt immer mehr über dich, aber warum erzählst du mir das alles?«

»Rühr mal den Latwerg um. Der brennt sonst an«, sagte sie und machte eine Pause. Dann sprach sie unvermittelt weiter: »Ich habe Ansgar und die anderen ausfindig gemacht und mit dir zusammengebracht.«

»Du hast was?«, Zürner wurde blass. Der Kochlöffel fiel ihm aus der Hand.

»Ich habe ihn angelogen und ihm gesagt, dass du es es ihnen längst verziehen hast. Ich meine, das mit Sabine und so. Ich habe gesagt, sie war eine Verräterin. Außerdem habe ich ihnen über einen Mittelsmann viel Geld angeboten.«

»Ich habe selbst jahrelang nach den Schweinen gesucht.«

»Ich weiß, eben darum.«

»Was heißt: Eben darum?«, schrie Zürner aufgeregt.

»Ich wusste, dass du nicht spontan reagierst, wenn du die Mörder von Sabine wieder triffst. Es war mir klar, dass du vorsichtig deine Rachepläne schmiedest. Dafür bist du viel zu sehr mein Sohn und außerdem ein methodisch vorgehender Ingenieur.«

»Du hast von alldem gewusst und es sogar eingefädelt?« Zürners Mutter nickte und lächelte, während er heftig atmete und sich kaum unter Kontrolle bringen konnte. »Was wäre, wenn ihnen der Anschlag auf die Aufbereitungsanlage gelungen wäre?«

»Ich glaube, ich hätte immer noch rechtzeitig die Behörden informieren können, aber ich wusste, dass ich mich auf dich verlassen kann und du deine Chance nutzt, wenn sie durch dich Zugang zu der Anlage bekommen.« Sie machte eine lange Pause bevor sie fortfuhr: »Wo sind sie jetzt?«

»Auf dem Weg nach Gorleben.«

»Sehr gut, dann können sie ja mit allen kommenden Generationen von Atomkraftgegnern um die Wette strahlen.«

Pfälzer Latwerg (Latwerch)

Zutaten:
2 kg Zwetschgen
200 g Zucker
2-3 Anissterne
1-2 Zimtstangen

Zubereitung:
Die Zwetschgen entkernen und vierteln. Mit dem Fruchtfleisch nach unten schichtweise im Topf auslegen. Jede Schicht zuckern und obenauf die Anissterne und Zimtstangen legen. Einmal richtig aufkochen und kurz abkühlen lassen. Danach die Masse bei mäßiger Hitze etwa vier bis fünf Stunden lang weitgehend sich selbst überlassen. Manchmal kontrollieren und umrühren. Latwerg darf nicht kochen oder noch schlimmer, anbrennen. Latwerg ist fertig, wenn der Kochlöffel darin stehen bleibt. Moderne Latwerg-Köche stellen den Topf auch bei etwa 85 Grad in den besser kontrollierbaren Backofen. Schließlich in Einmachgläser abfüllen.

Der Ausdruck Latwerg kommt von dem römisch-griechischen Wort »electuarium«, einer Arznei, die geleckt wurde und deren wirksame Bestandteile mit Honig oder Mus haltbar gemacht wurden. Der Begriff findet sich in vielen mittelalterlichen Arzneibüchern.
Da Latwerg vornehmlich als Brotaufstrich am Morgen, oder zur Verfeinerung von Süßspeisen verwendet wird, empfehle ich als begleitendes Getränk, je nach Tageszeit, einen Muskatellersekt oder einen lieblichen Gelben Muskateller.